Deficiência visual na escola inclusiva

2ª edição
revista e atualizada

SÉRIE INCLUSÃO ESCOLAR

Deficiência visual na escola inclusiva

Carlos Fernando França Mosquera

intersaberes

inter
saberes

Rua Clara Vendramin, 58 • Mossunguê • CEP 81200-170
Curitiba • PR • Brasil • Tel.: (41) 2106-4170
www.intersaberes.com • editora@intersaberes.com

Conselho editorial	Dr. Alexandre Coutinho Pagliarini
	Dr.ª Elena Godoy
	Dr. Neri dos Santos
	M.ª Maria Lúcia Prado Sabatella
Editora-chefe	Lindsay Azambuja
Gerente editorial	Ariadne Nunes Wenger
Assistente editorial	Daniela Viroli Pereira Pinto
Edição de texto	Camila Rosa
	Palavra do Editor
Capa	Frederico Santos Burlamaqui
	(fotografia, fotomontagem e *design*)
	Charles L. da Silva (adaptação do *design*)
Projeto gráfico	Frederico Santos Burlamaqui
Diagramação	Regiane Rosa
Designer responsável	Charles L. da Silva
Iconografia	Sandra Lopis da Silveira
	Regina Claudia Cruz Prestes

Dados Internacionais de Catalogação na Publicação (CIP)
(Câmara Brasileira do Livro, SP, Brasil)

Mosquera, Carlos Fernando França
　　Deficiência visual na escola inclusiva / Carlos Fernando França Mosquera. 2. ed. rev. e atual. Curitiba, PR : InterSaberes, 2025.
(Série inclusão escolar)

　　Bibliografia.
　　ISBN 978-85-227-0784-3

　　1. Braille (Sistema de escrita) 2. Crianças com deficiência visual – Educação 3. Educação inclusiva 4. Inclusão escolar 5. Pessoas com deficiência visual – Educação I. Título. II. Série.

24-232541　　　　　　　　　　　　　　　　　　　　CDD-371.911

Índices para catálogo sistemático:
1. Pessoas com deficiência visual : Educação　　371.911

Cibele Maria Dias – Bibliotecária – CRB-8/9427

1ª edição, 2012.
2ª edição – revista e atualizada, 2025.
Foi feito o depósito legal.
Informamos que é de inteira responsabilidade do autor a emissão de conceitos.
Nenhuma parte desta publicação poderá ser reproduzida por qualquer meio ou forma sem a prévia autorização da Editora InterSaberes.
A violação dos direitos autorais é crime estabelecido na Lei nº 9.610/1998 e punido pelo art. 184 do Código Penal.

Sumário

Prefácio, 7
Apresentação, 9
Como aproveitar ao máximo este livro, 11
Introdução, 15

1   Deficiência visual: história, funcionamento da visão e seus comprometimentos, 21
       1.1 Primeiros registros da deficiência visual, 24
       1.2 Breve panorama histórico sobre a deficiência visual no âmbito escolar brasileiro, 27
       1.3 O sistema da visão: como funciona, 34
       1.4 Como os raios luminosos são absorvidos pelos olhos: espectro de radiofrequência, 42

2   Deficiência visual: conceitos, 57
       2.1 Definições e classificações, 60
       2.2 Terminologia para as deficiências da acuidade visual e números nacionais sobre a deficiência visual, 65
       2.3 Causas mais frequentes da deficiência visual, 68
       2.4 Formas de prevenção da cegueira, 75

3 Sistema braille e soroban na escola inclusiva, 81

3.1 Braille: lendo com as mãos, 84
3.2 O que fazer antes de iniciar o ensino e a aprendizagem do braille, 86
3.3 Como funciona o sistema braille, 89
3.4 Escola, alfabetização e aprendizagem da pessoa com deficiência visual, 94
3.5 Qual o melhor método para se ensinar o braille?, 105
3.6 A escrita cursiva, 107
3.7 Soroban ou ábaco, 109
3.8 Outros métodos para leitura e escrita, 114
3.9 Escolarização e baixa visão, 115
3.10 Sintomas e sinais mais comuns de alterações visuais, 118
3.11 Adaptação de recursos ópticos, 120

4 Princípios de orientação e mobilidade (OM) e currículo: desafios para uma escola inclusiva, 131

4.1 Visão e locomoção, 134
4.2 Uso da bengala longa, 141
4.3 Currículo sem contradições: reflexões necessárias para o atendimento de pessoas com deficiência visual, 147
4.4 As concepções conflitantes de curriculum, 150
4.5 Reflexões sobre o processo de avaliação, 153

CONSIDERAÇÕES FINAIS, 161
REFERÊNCIAS, 163
APÊNDICE, 169
RESPOSTAS, 171
SOBRE O AUTOR, 173

Prefácio

Um certo tempo um homem aqui chegou,
lançou o seu olhar e ensinou como se tornar professor.
Tinha na alma uma missão, conhecer o corpo razão e emoção
para construir a vida boa. Ele procurou quem mais precisava,
gente que falava e escutava e tinha sede de aprender.
Se ele era capaz de ensinar, então, queria seu poder compartilhar.
Ele não veio prescrevendo verdade, antes queria conhecer a capacidade
que estava em quem acreditava.

Ele não tem preconceito porque cada pessoa tem direito
de andar por todo lugar. Para cada um conhecer seu valor,
ele trabalhou o movimento, a exploração do ambiente,
o relacionamento,
fez da interação seu instrumento. O resultado foi
o autoconhecimento.

Essa gente ama sua companhia, porque ele estimula a participação.
Não permite ninguém excluído nem vitimizado. Sua arte é
a promoção da pessoa

Peço licença para avisar que ao gosto de Jesus, este homem
é como eu e você.
Ele ensina o que pratica, então queira dele se aproximar,
queira sua palavra escutar, seu comportamento observar.
Seu ensinamento está nas ruas da cidade, expressando
o respeito à dignidade
exercendo autonomia e o valor da liberdade.

Peço licença para finalizar, lembrando da canção de alegria e de amor
Essa canção eu vi nascer quando ele se tornou professor.

Se pretende ser professor, investigar as possibilidades do universo e das relações da pessoa, não procure a cegueira nem as limitações, nem a dependência. Isso é um erro, uma distorção da aparência, uma ilusão de quem vê. Sem perceber além do natural, não será possível enxergar o social, o que a história nos legou e nos permite criar.

O livro do grande pesquisador e escritor Carlos Mosquera possibilita perceber a realidade social, os recursos pedagógicos, o modo como você pode pensar a pessoa com deficiência visual.

"O ser humano não vê com os olhos para ver, não ouve com os ouvidos para ouvir. Ele vê e ouve com a experiência social acumulada." (Ross, 1998)

Com a ajuda desse livro, você poderá ampliar sua visão (sem trocadilho) e, quem sabe, efetivar sua nova concepção de ser humano e da pessoa com história social da não visualidade.

Na temática da inclusão, que o livro aborda sem rodeios, você se aprofunda na história, identificando como a sociedade vem criando possibilidades de vida e de desenvolvimento de quem produz sua existência com as marcas da não visualidade.

Você compreende o processo de formação das imagens, podendo lançar mão dos recursos pedagógicos e auxiliares para conferir autonomia a quem se percebe afetado pela dificuldade visual.

Com o conhecimento do sistema braille, do soroban e das técnicas de Orientação e Mobilidade, você não será apenas um transmissor de conteúdos nem seus alunos formarão imagens apenas a partir de sua palavra.

Você articulará o contexto, as capacidades de cada pessoa, sua identidade, sua cultura ao conhecimento objetivo, unindo cidade e casa, confiança e capacidade, intelectualidade e afetividade.

PAULO ROSS
Professor e escritor desde 1986
Universidade Federal do Paraná (UFPR)

Apresentação

Primeiramente, agradecemos à InterSaberes pela oportunidade de atualizar esta obra. A segunda edição de um livro tende a ser mais reflexiva, didática e provocativa. Afastando-nos de Procusto, seguimos com um dos propósitos deste livro: em uma linguagem mais livre, libertamo-nos de "alinhamentos" e métricas, características sempre associadas a esse ser mitológico.

Como a temática principal deste material é a deficiência visual, compreender o funcionamento dos olhos nos ajuda a entender o binômio visão-cegueira. Nossa vida e nossas relações são moldadas por milhões de células na retina e no córtex visual, que, em situações de desvantagem e impedimentos, podem redefinir a forma como vemos e entendemos o mundo. É desse "novo olhar" que este livro trata.

No primeiro capítulo, destacamos os registros iniciais da deficiência visual, comparando-os com o que atualmente propomos em políticas públicas. Compreender a visão é entender que enxergamos com o cérebro: é nosso córtex visual que traduz as informações enviadas pela retina. Além disso, é essencial entender que a retina contém células que determinam como enxergamos e percebemos as cores do mundo.

No segundo capítulo, apresentamos as definições e as classificações referentes à deficiência visual. O atendimento de qualidade em escolas inclusivas é obrigação de qualquer projeto educacional, mas frequentemente esquecemos que a prevenção deve ser igualmente uma prioridade. Prevenir a cegueira, como em qualquer deficiência, envolve procedimentos inclusivos e inteligentes, por isso a necessidade de reavaliar e modificar os currículos escolares. Quando as causas da deficiência visual já são conhecidas, a prevenção se torna mais fácil e acessível.

No terceiro capítulo, abordamos o braille e o soroban, entre outros métodos de alfabetização de pessoas com deficiência visual. O braille é usado para a leitura e a escrita em relevo; já o soroban é utilizado para facilitar os cálculos matemáticos. Há uma discussão em andamento que ainda não foi implementada, mas algumas tendências sugerem a eliminação do método braille na alfabetização de crianças cegas, substituindo-o por escritas digitais. Nesse capítulo, enfatizamos a importância de utilizar o braille e soroban como instrumentos pedagógicos e prioridades educacionais.

No quarto e último capítulo, enfocamos os princípios de orientação e mobilidade (OM) como um recurso transversal ao currículo escolar. É importante reconhecermos a bengala branca como extensão do corpo de uma pessoa cega ou com baixa visão, e essa questão não pode ser desprezada. Ensinar a criança a usar a bengala e a brincar com ela deve ser prioridade em qualquer escola inclusiva, assim como as adaptações de recursos ópticos, que, apesar de serem amplamente discutidas nas escolas, ainda são pouco utilizadas nas práticas educacionais.

São muitos os discursos e as "receitas prontas" que se somam à escola para todos, mas, na prática, poucos projetos conseguem ser realmente transformadores. O caminho para a verdadeira transformação da escola passa pela apreensão de conhecimentos técnicos, pela realização de leituras diversas e pela elaboração cuidadosa de projetos. É essa a proposta deste livro: sem fórmulas prontas, apenas reflexões acerca dos métodos pedagógicos que são imprescindíveis para a escola que almejamos.

Como aproveitar ao máximo este livro

Empregamos nesta obra recursos que visam enriquecer seu aprendizado, facilitar a compreensão dos conteúdos e tornar a leitura mais dinâmica. Conheça a seguir cada uma dessas ferramentas e saiba como estão distribuídas no decorrer deste livro para bem aproveitá-las.

Introdução do capítulo

Logo na abertura do capítulo, informamos os temas de estudo e os objetivos de aprendizagem que serão nele abrangidos, fazendo considerações preliminares sobre as temáticas em foco.

Síntese

Ao final de cada capítulo, relacionamos as principais informações nele abordadas a fim de que você avalie as conclusões a que chegou, confirmando-as ou redefinindo-as.

Indicações culturais

Para ampliar seu repertório, indicamos conteúdos de diferentes naturezas que ensejam a reflexão sobre os assuntos estudados e contribuem para seu processo de aprendizagem.

Atividades de autoavaliação

Apresentamos estas questões objetivas para que você verifique o grau de assimilação dos conceitos examinados, motivando-se a progredir em seus estudos.

Atividades de aprendizagem

Aqui apresentamos questões que aproximam conhecimentos teóricos e práticos a fim de que você analise criticamente determinado assunto.

Preste atenção!

Apresentamos informações complementares a respeito do assunto que está sendo tratado.

Introdução

É com grande satisfação que apresentamos a segunda edição deste livro. Foi uma tarefa desafiadora, considerando-se os avanços dos últimos anos na área da educação inclusiva (EI), especialmente no que se refere à deficiência visual. O maior desafio foi revisar um tema amplamente discutido por autores brasileiros renomados – diferentemente do cenário de duas décadas atrás, quando a primeira edição foi publicada.

Na primeira edição, escrevi sobre a história das pessoas com deficiência no decorrer do tempo. Foi esse "tempo" que obrigou o Estado, a família, a escola, a sociedade e tantas outras esferas culturais a possibilitar o usufruto dos avanços conquistados. Se na primeira vez escrevi sobre as "superações" das pessoas com deficiência visual, agora optei por abordar a INCLUSÃO.

As mudanças de paradigma que enfrentamos, como escreveu Thomas Kuhn, são resultado de crises. Enfrentamos muitos desafios até alcançarmos a noção de *inclusão*. No mundo todo, a realidade dos cegos nas ruas pedindo ajuda para sobreviverem mostra não apenas o assistencialismo que perdurou por tanto tempo

tempo como também a exclusão dos menos favorecidos. Outro desafio foi o surgimento do paradigma da integração, que afetou principalmente o sistema escolar, gerando outra crise. A responsabilidade de excluir da escola pessoas com deficiência (PcD) foi devastadora para todos, principalmente até os anos 1990.

Depois dessa crise, surgiu o paradigma da inclusão. Nos primeiros anos, as escolas buscavam discursos políticos e políticas públicas que orientassem o caminho da inclusão. Nós, profissionais da educação, éramos um pouco de tudo: professores, psicólogos, fisioterapeutas, terapeutas ocupacionais e médicos, sem ter, em princípio, a consciência de que a inclusão ia além da mera compreensão de conceitos. Demoramos para entender que se trata de apreender a política como "ação permanente" (Gramsci, 1989, p. 14), que supõe movimento, dinamismo, contradição e antagonismo. Naquele período, vivíamos sob o chamado *modelo médico da educação especial*: a referência nos atendimentos de alunos com necessidades especiais direcionava-se pelo diagnóstico médico, sem preocupações com abordagens pedagógicas adequadas.

O paradigma da inclusão fundamentou-se em políticas educacionais internacionais que promoviam a universalização da educação básica nos países em desenvolvimento. Entre os encontros mais conhecidos estão a Conferência Mundial sobre Educação para Todos (Jomtien, 1990), a Conferência Mundial sobre Necessidades Educacionais Especiais (Salamanca, 1994) e a Convenção sobre os Direitos das Pessoas com Deficiência (Nova York, 2006). Esses eventos, somados às políticas nacionais – especialmente as aprovadas depois da Constituição de 1988 –, garantiram autonomia às ações inclusivas nas escolas. Ressaltamos, ainda, os esforços para enfrentar as barreiras arquitetônicas, atitudinais e avaliativas, além de todas as demais dificuldades que ainda persistem.

Esses avanços resultaram em uma política de educação para escolas inclusivas, além da formação de professores e gestores escolares e de financiamento estudantil. Uma das principais consequências desse movimento foi a implementação da Lei n. 13.146, de 6 de julho de 2015 (Brasil, 2015), conhecida como *Lei Brasileira de Inclusão da Pessoa com Deficiência*. Ainda que não atenda a todas as pautas reivindicatórias, essa lei trouxe o conceito de *condições biopsicossociais*, compreendidas como: "I – os impedimentos das funções e nas estruturas do corpo; II – os fatores socioambientais, psicológicos e pessoais; III – a limitação no desempenho de atividades; IV – a restrição de participação" (Brasil, 2015).

Na prática, isso se traduziu em direitos fundamentais, como a matrícula das pessoas com deficiência, a valorização dos professores, as adaptações curriculares e a contratação pela escola de um professor assistente para atender as pessoas com deficiência. Também foram estabelecidas a proibição de cobranças de taxas extras na matrícula e a implementação de estruturas adequadas nas salas de recursos, promovendo-se a equidade e a remoção de barreiras à aprendizagem, entre outros avanços (Mosquera, 2019).

Eu não poderia deixar de comentar o resultado desse quadro político internacional e filosófico: o "aparecimento social" da deficiência, que resultou no surgimento do campo acadêmico denominado *Disability Studies* – DS (Estudos das Deficiências, no português brasileiro), responsável por fundamentar pesquisas sobre deficiência no mundo todo (Fernandes; Rosa, 2022). O materialismo histórico e dialético foi a ferramenta de análise que serviu de base para as formulações iniciais do modelo social da deficiência, partindo da "tese de que a discriminação pela deficiência era uma forma de opressão social" (Diniz, 2007, p. 16). Em síntese, segundo Fernandes e Rosa (2022), partiam do pressuposto da reversão dessa lógica centrada no indivíduo e suas incapacidades, que levavam à marginalização/exclusão de pessoas com deficiência, em direção à análise da "arquitetura social-cultural--atitudinal desenhada para atender um padrão de normalidade" (Piccolo, 2014, p. 69).

-atitudinal desenhada para atender um padrão de normalidade" (Piccolo, 2014, p. 69).

Como exemplo prático dessa teoria, no que diz respeito à deficiência visual, o que impede ou dificulta o deslocamento das pessoas cegas ou com baixa visão em ambientes abertos não é apenas a falta da visão, e sim a ausência de sinalizadores sonoros, calçamentos apropriados e ambientes seguros. A sociedade não se preparou para acolher a diversidade; as barreiras arquitetônicas e atitudinais ainda impedem ou dificultam a inclusão dessas pessoas. Esse cenário nos leva a refletir sobre a necessidade de soluções transformadoras, que despertem novas políticas inclusivas.

Reconhecer a história da humanidade é perceber o quanto as pessoas com deficiência visual* foram discriminadas e segregadas, vivendo experiências de sofrimento emocional, social e físico. Daí vem a necessidade de agirmos prontamente para preencher essas lacunas. Com isso, surgiu, ainda que tardiamente, a iniciativa da escola inclusiva, uma perspectiva inteligente e oportuna.

Desde então, ocorreram muitas mudanças nos currículos escolares, nas ações dos professores e nas políticas governamentais. A "nova" escola precisa se adaptar a essas mudanças profundas, contemplando desde valores até práticas pedagógicas. As exigências impostas por órgãos internacionais e pelos saberes acumulados, aliadas às reivindicações de uma população que ficou excluída por séculos e agora busca seu espaço na escola, representam um grande desafio: acolher, ensinar, avaliar e transformar alunos que necessitam de um novo currículo, avaliações adequadas e processos pedagógicos que acompanhem essa demanda há muito tempo esquecida nas séries escolares iniciais.

---

* A expressão *pessoas com deficiência visual* refere-se tanto a pessoas cegas quanto a pessoas com baixa visão.

prevenção. Tudo isso dá aos novos currículos uma competência "assustadora", pois obriga a escola a se transformar e assumir esse novo papel.

O professor da escola inclusiva, principalmente das salas de recursos multifuncionais*, precisa compreender e assumir as múltiplas competências que o processo exige. Esse desafio é contínuo e, por isso, pode ser assustador. O enfoque do modelo médico, característico do início do paradigma da integração, já não se aplica mais aos processos escolares, o que é um alívio!

Um ambiente plural e diverso, atento às demandas por métodos apropriados que atendam a essa diversidade, requer a atuação de um professor com múltiplas competências. Hoje, a presença da sala de recursos multifuncional em escolas inclusivas, que atendem pessoas com deficiência, é uma realidade. Coordenadas por um professor especializado, as salas de recursos oferecem não apenas as atividades programadas anualmente, mas também avaliações (como o Teste de Snellen), reabilitação (OM) e ensino de instrumentos como o braille e o soroban. A inclusão, portanto, exige mais que simples conhecimento; para alcançá-la, é necessário adotar uma postura adequada a uma escola para todos.

---

* Avaliação das necessidades, elaboração e execução do plano de atendimento individual, produção de materiais pedagógicos, articulação com outros setores, orientação à família e ao professor da sala regular.

1

Deficiência visual:
história, funcionamento da visão e seus comprometimentos

Do modelo espartano à superação dos preconceitos, da arte rupestre às grandes obras artísticas e culturais – assim foi a passagem das pessoas com deficiência visual pela história da humanidade. Apesar de todas as dificuldades e resistências, presenciamos a criação da primeira escola para pessoas com deficiência no Brasil – o Imperial Instituto dos Meninos Cegos, hoje chamado de Instituto Benjamin Constant (IBC). Foi ali que a alfabetização das pessoas cegas mudou a realidade de milhares de pessoas e a história foi reescrita. Mudou a ponto de construirmos um cenário muito rico em políticas públicas e implementação de leis que modificaram toda uma realidade de exclusão. Foram muitos anos, marcado por muitas lutas políticas que transformaram a escola, agora inclusiva.

É desse recorte histórico que este capítulo trata, um espaço dedicado à compreensão de uma temática fundamental para a escola inclusiva.

1.1
Primeiros registros da deficiência visual

Com um pouco de imaginação e superando a ideia de que toda e qualquer pessoa com deficiência é um sinal da presença dos maus espíritos ou de perda de substâncias vitais do organismo, propomos aos leitores uma viagem pelo tempo.

A deficiência visual, como qualquer outra deficiência, apareceu na Pré-História simultaneamente ao *homo erectus*. Porém, conforme Mosquera (2000, p. 11),

> *exatamente como os cegos viveram não podemos precisar, e todas as informações sobre esse homem primitivo são meras especulações. A possível exceção sobre o primeiro retrato da cegueira é uma pintura conservada no Museu Britânico de Arqueologia, em Londres, descoberta no monte Tassili, no deserto do Saara, que retrata um homem talhando uma pedra, de olhos fechados.*

Não é possível termos a total compreensão de que o homem em questão tem ou não deficiência, entretanto, por sua postura, é possível fazermos essa inferência. Ainda, pelas características da sociedade do homem pré-histórico, supomos que as pessoas com deficiência visual eram isoladas e excluídas.

Muito antes de Aristóteles e Galeno, poucos indivíduos ditos *normais* tinham a sensibilidade de perceber e reconhecer o valor das pessoas com deficiência. Os gregos propunham o chamado *paradigma espartano*, ou seja, a beleza e a força do corpo. Dedicavam-se à guerra e, por isso, o corpo físico forte era valorizado; tanto a estética como a força eram perseguidas como objetivo de vida por todos. Esses eram os motivos também que justificavam a eliminação de crianças que nascessem sem o potencial esperado pela sociedade da época. A eliminação das crianças com deficiências era justificada pelo fato de elas não se moldarem ao padrão de beleza e força esperado (Bianchetti; Freire, 1998).

Os homens primitivos que tivessem alguma deficiência – pertencentes aos escassos números que permaneciam vivos, visto que a maioria era eliminada – viviam com muito sofrimento. Acreditamos que só conseguiram sobreviver graças a alguma ajuda: a família ficou com pena, houve esperanças para a reabilitação do indivíduo ou qualquer outra situação relevante. Contudo, com o tempo, eles provaram que, mesmo privados de alguns sentidos, poderiam ser úteis em uma sociedade preocupada apenas com a sobrevivência. São meras suposições, mesmo que tenhamos algumas provas arqueológicas que sustentem essa teoria.

Assim, podemos supor que qualidades como a domesticação de animais, o preparo de comidas especiais, a arte rupestre, a colheita, a construção da própria moradia, a proteção aos mais novos e aos mais velhos, a poesia, a música, os poderes sobrenaturais, a cura, entre outras, devem ter sido a máxima para as pessoas com deficiência poderem se manter vivas e admiradas.

Na transição da fase da eliminação para a fase da crença nas contribuições dos cegos efetivamente, o poder da comunicação iniciada por eles foi o momento mais importante. Historicamente temos, no século XVI, os estudos de Girolamo Cardano (1501-1576), médico, filósofo, astrólogo e matemático italiano, que testou a possibilidade de algum aprendizado de leitura pelo tato. As experiências realizadas por Cardano para esse aprendizado são decorrentes apenas da curiosidade que esse tipo de sensação provocava, sem foco em finalidades inclusivas. Outra contribuição importante para a educação de cegos foi dada pelos intelectuais da época, Peter P. Fleming (cego) e o padre Lara Terzi, que escreveram os primeiros textos sobre a educação das pessoas cegas (Bruno; Mota, 2001). Também, segundo Belarmino (1996, p. 12), é válido lembrar que

As primeiras tentativas para a criação de métodos que permitissem aos cegos o acesso à linguagem escrita utilizavam fundição de letras em metal, caracteres recortados em papel, alfinetes de diversos tamanhos pregados em almofadas, mas esses só permitiam a leitura de pequenos textos, enquanto a escrita era impossível de se realizar.

Essas tentativas foram importantes, pois se trata das primeiras iniciativas para o aprendizado dos cegos, que, futuramente, aceitaram o braille como método de alfabetização mais viável.

Outras pesquisas importantes na área da filosofia também contribuíram com a área da deficiência visual e marcaram a educação dos cegos, pois deixaram para as futuras gerações informações riquíssimas. Podemos citar, entre elas, um ensaio chamado A *dióptrica*, de René Descartes (1596-1650). Esse trabalho apresenta vários desenhos baseados nas leis da reflexão e da refração, com os quais ele tentava compreender como o olho humano forma as imagens. Outro filósofo que incentivou a aceitação e a convivência com os cegos foi Denis Diderot (1713-1784), o qual, em 1749, escreveu a *Carta sobre os cegos para o uso dos que veem*. Nessa obra, ele relata a história de um cego chamado Sauderson, o personagem principal de seu livro, e faz uma analogia da sabedoria com a escuridão, fazendo-se entender que, mesmo sem o uso da visão, podemos pensar e tomar decisões, o que não se admitia no século XVIII. Essa foi uma obra sem precedentes para a época, uma leitura que mudou comportamentos*.

---

* "Não só isso, Diderot, como outros pensadores iluministas defendia a liberdade de expressão, a criação de mais escolas, igualdade jurídica, divisão de poderes dentro do estado, avanço da ciência e da técnica aplicadas em setores como transportes, comunicação e medicina" (Diderot, 1979, p. XX).

1.2
Breve panorama histórico sobre a deficiência visual no âmbito escolar brasileiro

Com muitos anos de atraso, o imperador D. Pedro II percebeu – principalmente pelos relatos de seu médico e confidente e, também, por influência de Couto Ferraz, ministro do Império – que era grande o número de pessoas com deficiência no Brasil (Mazzotta, 2005). Outro motivo foram as reclamações dos indivíduos com deficiência visual de que algo deveria ser feito por eles e pelas pessoas com outras deficiências.

Portugal e o restante da Europa já se dedicavam ao ensino e ao atendimento a pessoas especiais. Mesmo sem nada oficialmente organizado para o atendimento a essas pessoas, já se supunha que as preocupações eram marcadamente terapêuticas, o que deu início a um caminho de discriminação e consequente exclusão.

No Brasil Imperial, uma lei chamou a atenção, pois foi a primeira citação na história do país em que pessoas com deficiência são lembradas. O projeto de lei do deputado Cornélio Ferreira França, da província da Bahia, na Assembleia de 1835, faz referência à criação do cargo de professor de primeiras letras para o ensino de cegos e surdos na capital do Império e nas províncias (Rocha; Gonçalves, 1987). O projeto não foi aprovado, sendo arquivado por estar no fim o mandato do deputado, que não se reelegeu. De acordo com Jannuzzi (2017),

> *foram necessários cerca de 22 anos para que se iniciasse atendimento nesse sentido. Já havia, então, certo crescimento econômico no país, estabilização do poder imperial, crescente penetração de ideias trazidas principalmente da França, pela elite que lá ia estudar, e a influência de vultos considerados "notáveis", como, por exemplo, Luiz Pedreira do Couto Ferraz (barão do Bom Retiro), Eusébio de Queiroz, visconde de Itaboray (Joaquim José Rodrigues Torres) e outros, que facilitaram certas conquistas no campo educacional [...].*

Anos depois, em 12 de setembro de 1854, D. Pedro II inaugurou o Imperial Instituto dos Meninos Cegos, hoje chamado de Instituto Benjamin Constant (IBC). Esse acontecimento só foi possível porque o dr. Xavier Sigaud, médico particular do imperador, percebeu que a filha Adèle, cega, apresentava atraso na alfabetização. Por não haver nenhum especialista no país, a alternativa para a ocasião foi chamar o prof. José Álvares de Azevedo, que estudava na França, no Instituto Real dos Jovens Cegos de Paris, instituição escolar especializada em cegos mais importante da Europa. Azevedo era o brasileiro mais indicado, portanto, para assumir a função de educar crianças com essa deficiência. Era certo também que, naquela época, já havia preocupações educacionais com pessoas com deficiência. O pai de Adèle Sigaud tinha influências políticas na corte, porém outros cegos já esperavam essa oportunidade educacional há muito (Rocha; Gonçalves, 1987). Infelizmente, o prof. Azevedo, inspirador dessa conquista, morreu prematuramente e não participou da inauguração da escola.

> **CURIOSIDADE**
>
> O francês VALENTIN HAÜY fundou, no começo do século XVIII, o Instituto Real dos Jovens Cegos de Paris, primeiro centro educativo para cegos. Seu método consistia em fazer letras em relevo sobre o papel para que pudessem ser tocadas. Ele foi o precursor do código militar de Charles Barbier e, por consequência, do método criado por Louis Braille, conforme veremos no Capítulo 3.

Da criação do Imperial Instituto dos Meninos Cegos até a inauguração de uma segunda escola especializada, todo o ensino nesse âmbito se concentrava no Rio de Janeiro, com exceção dos trabalhos voluntários e autodidatas dos outros estados. O começo do século XX foi marcado por um tipo de assistencialismo, no qual os asilos e albergues cumpriam a função da escola. A inexistência de projetos consistentes de educação para cegos no Brasil, com exceção do IBC, atrasava ainda mais a integração das pessoas com deficiência visual. A segunda escola para cegos foi inaugurada somente em 1926 – o Instituto São Rafael, em Belo Horizonte – e colaborou significativamente para o desenvolvimento da educação de cegos no Brasil. No entanto, a criação de mais uma escola para cegos fomentava a necessidade de se investir e planejar ações nesse setor da educação. Foi exatamente por essas circunstâncias que o Instituto São Rafael se mostrou importante para o crescimento da educação naquela região, contribuindo também com a Região Nordeste. Descentralizou-se, com isso, o ensino especializado, e novos alunos puderam ter acesso às novas técnicas. Como consequência desse movimento educacional, os cegos conseguiram, em 1932, a emancipação política por meio do direito de voto. Essa foi, quem sabe, uma conquista para, efetivamente, a educação inclusiva iniciar seu processo de transformação.

Para compreendermos melhor esse percurso, desde a criação da primeira escola para cegos até os dias de hoje, vamos rememorar os motivos reais da fundação do IBC. Como relatado anteriormente, ele foi criado com o objetivo de atender não só os cegos do Rio de Janeiro, mas, principalmente, a filha do médico do imperador, também cega, que precisava de recursos especializados. Essa foi a segunda tentativa governamental e a primeira que teve sucesso com resultados práticos. A primeira tentativa frustrada foi a implantação da Cadeira de Professores, um projeto de lei que implantaria em nosso país, já naquela época, o ensino de cegos e surdos-mudos por meio de um professor especializado. Depois de inaugurado, o IBC iniciou o atendimento a vinte e cinco alunos cegos e, hoje, continua sendo a maior referência na área de deficiência visual no Brasil.

Até o século XVIII, as definições sobre deficiências ainda estavam impregnadas com o discurso do misticismo. No século seguinte, as escolas atendiam os alunos com deficiência por meio de disciplinas próprias, como: pedagogia de anormais; pedagogia teratológica; pedagogia curativa ou terapêutica; pedagogia da assistência social; pedagogia emendativa (Mazzotta, 2005). Identificamos, assim, uma vertente médica para a educação de pessoas com deficiência, que ainda pode ser encontrada em muitos centros de educação nos dias atuais.

Jannuzzi (2017) constata tais informações ao afirmar que

> Em 1943, o novo regulamento (decretos n. 14.165 e 14.166 de 03 de dezembro de 1943) propôs que fosse [um] centro de difusão de conhecimentos científicos e pedagógicos "relacionados com as anomalias da visão e prevenção da cegueira" [...]. Nota-se aqui a influência da medicina, pois que há uma estrutura administrativo-técnico-pedagógica constituída de: seções de Educação e Ensino; Medicina e Prevenção da Cegueira; Administração; Imprensa Braille e a Zeladoria. A campanha em torno da educação do cego mencionava, como já me referi, a educação junto com a reabilitação, implicando assim a atuação de profissionais da área da saúde e, portanto, a aplicação de suas teorias.

Isso ratifica a origem médica das nossas escolas especiais, motivo pelo qual as escolas regulares e especiais precisam urgentemente resgatar seu espaço como proposta pedagógica e não como um "braço" da medicina. A escola inclusiva, essa com que todos sonham, precisa, mais do que nunca, de uma postura crítica em face de seus currículos. Precisa também resgatar essa população excluída que permaneceu mais de um século esperando a oportunidade de dialogar e apresentar suas necessidades e anseios.

Desde a criação do IBC, apenas em 1961 passamos a ter em lei algo que estabelecesse o direito à educação aos "portadores" de deficiência: a Lei de Diretrizes e Bases da Educação Nacional (LDB) – Lei n. 4.024, de 20 de dezembro de 1961. Nessa mesma época, já se previa integrar a pessoa com deficiência "preferencialmente dentro do sistema geral de ensino" (Mazzotta, 2005, p. 68), ao mesmo tempo que lhes era assegurado tratamento especial por meio de políticas públicas. Dez anos depois, a Lei n. 5.692, de 11 de agosto de 1971, alterou a LDB de 1961, incentivando o encaminhamento dos alunos especiais para as escolas especiais. Percebe-se aí um retrocesso na implantação de uma escola inclusiva. Para compensar esse atraso, o Ministério da Educação (MEC) criou, em 1973, o Centro Nacional de Educação Especial (Cenesp), por meio do Decreto n. 72.425, de 3 de julho de 1973, em seu art. 3º, inciso VI, respaldado pela necessidade da integração e da filantropia. O Cenesp se tornou, então, o gerenciador da educação especial no Brasil. As atividades desenvolvidas continuaram subordinadas ao MEC, mas as metas de apoio técnico e expansão qualitativa se tornaram prioridades do Cenesp.

Na ocasião, criou-se um fundo de educação especial, de natureza contábil. Além disso, segundo Mazzotta (2005, p. 92), o MEC informou que o "atendimento educacional tem se concentrado a nível de 1º grau, abrangendo cerca de 60% da população escolar de excepcionais".

Entretanto, no mesmo período da promulgação da Carta de 1988, o Cenesp deixou de existir e suas funções passaram para a Secretaria de Educação Especial (Seesp), criada em 1986. Esta manteve as mesmas competências e obrigações daquele, assegurando, entre outras propostas, "o atendimento educacional especializado aos portadores de deficiência, preferencialmente na rede regular de ensino" (Brasil, 1988, art. 208, inciso III).

Até a promulgação da Constituição de 1988, pouco mudou em relação às leis e decretos nacionais no que diz respeito à proteção e ao amparo das pessoas com deficiência. A Constituição Cidadã, como ficou conhecida a Constituição de 1988, estabelece como objetivos "promover o bem de todos, sem preconceitos de origem, raça, sexo, cor, idade e quaisquer outras formas de discriminação" (Brasil, 1988, art. 3º, inciso IV). Ademais, define, em seu art. 205, a educação como um direito de todos, "garantindo o pleno desenvolvimento da pessoa, o exercício da cidadania e a qualificação para o trabalho". No art. 206, inciso I, reforça ainda mais o que toda a população esperava: "igualdade de condições de acesso e permanência na escola". Em 1990, a Seesp, com sede no Rio de Janeiro, deixou de existir, passando Brasília a acolher a Secretaria Nacional de Educação Básica (Seneb). Porém, em 1992, no governo Collor, a Seesp foi recriada e permanece hoje cumprindo os objetivos estabelecidos: apoio técnico e financeiro, capacitação de professores, programa de implantação de salas de recursos multifuncionais e programa de educação inclusiva.

Foi apenas com a implementação da atual LDB – Lei n. 9.394, de 20 de dezembro de 1996, que se constatou uma evolução no que se refere à educação inclusiva, visto que devem ser assegurados currículo, métodos, recursos e organização específicos para atender àqueles alunos que não atingirem o nível exigido. Essa lei já previa novas discussões e estratégias para a elaboração de projetos de inclusão.

Quase uma década depois do Encontro de Salamanca, em 2003, o MEC criou o Programa de Educação Inclusiva: Direito à Diversidade, visando transformar os sistemas educacionais inclusivos. Buscou-se promover um amplo processo de formação de gestores e educadores nos municípios brasileiros para a garantia do direito ao acesso de todos à escolarização, à organização do atendimento educacional especializado e à promoção da acessibilidade.

Já em 2004, entrou em ação o Ministério Público Federal. Assim, as dúvidas acerca dos direitos do cidadão à inclusão e dos procedimentos relativos a essa inclusão foram parcialmente esclarecidas, como a inclusão dos "portadores" de deficiência na escola regular e os benefícios de alunos com e sem deficiência nas turmas comuns.

Em 2005, a Seesp divulgou um novo documento para subsidiar a política de inclusão, no qual os serviços especializados são identificados como estratégias inclusivas:

> *a manutenção de serviços especializados de apoio ao processo de ensino-aprendizagem não caminha na contramão de uma educação radicalmente inclusiva, mas é essencial para a sua concretização. A questão que deve ser colocada é como o atendimento educacional especializado integra o processo. Com isso, descaracterizam-se as necessidades educacionais especiais como exclusividade "para diferentes" e passa-se a entendê-las como algo que todo aluno, em maior ou menos grau, ocasional ou permanentemente, pode vir a demandar. (Paulon; Freitas; Pinho, 2005, p. 20)*

Anos depois, foi divulgado um documento que se tornou referência na educação especial, intitulado *Política Nacional de Educação Especial na Perspectiva da Educação Inclusiva* (Brasil, 2008). O objetivo da apresentação desse documento norteador foi consolidar as políticas que o governo nacional implementara na concepção de direitos humanos.

Por isso a importância de a escola assumir seu papel, renovar suas práticas pedagógicas e recriar alternativas para superar a lógica da exclusão. Como o papel da inclusão também é político, não basta a discussão sobre uma escola para todos; fundamental nesse discurso é uma educação com qualidade para todos os alunos. Sobre isso, vale lembrar o que escreveu Michels (2006): "As instituições de ensino selecionam e privilegiam determinados saberes em detrimento de outros, em que valores, normas e costumes respondem, pela ótica de Bourdieu e Passeron (1992), aos interesses de grupos e classes dominantes". Surge com isso o que se denominou de *currículo prescrito* e *currículo oculto*, que transformam ao mesmo tempo um templo de possibilidades e limites, mas também, de inclusão e exclusão.

O documento divulgado pelo MEC, portanto, enfatiza a nova política nacional de educação especial. Ele tem sido a proposta governamental a ser seguida pelas autoridades estaduais e municipais e, principalmente, por todas as escolas do Brasil no atendimento do público-alvo da educação especial, que inclui pessoas com deficiências, transtornos globais do desenvolvimento (ou transtorno do espectro autista – TEA) e altas-habilidades\superdotação.

1.3
O SISTEMA DA VISÃO: COMO FUNCIONA

Fazemos das nossas percepções uma proteção. Não estamos prontos para as infinitudes da natureza, ou seja, para enxergarmos tudo que está à nossa frente. Dessa forma, a nossa visão é responsável por filtrar e enviar as mensagens necessárias à nossa interação com o meio. Porém, para compreender como a visão funciona, é necessário entender como as imagens são processadas.

Comecemos pelo córtex cerebral, que é a camada mais externa do cérebro, pois é nele que se dá a análise inicial da mensagem sensorial (isso também serve para outros sentidos).

Figura 1.1
Subdivisões funcionais do córtex cerebral

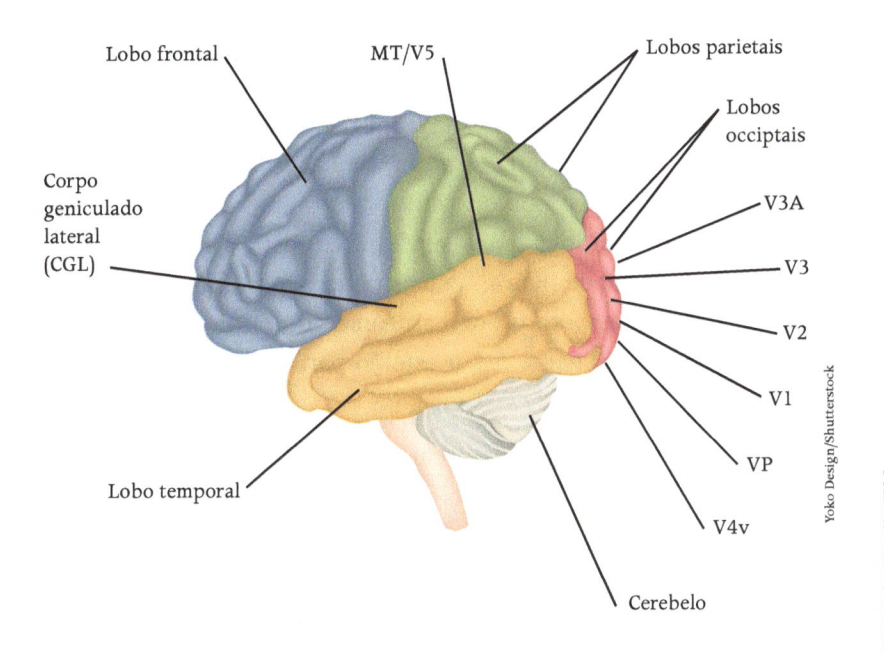

- Lobo frontal
- MT/V5
- Lobos parietais
- Lobos occiptais
- Corpo geniculado lateral (CGL)
- V3A
- V3
- V2
- V1
- VP
- Lobo temporal
- V4v
- Cerebelo

Yoko Design/Shutterstock

O processamento das imagens vai ser regulado pelas características dos objetos analisados, ao se verificar se existe ou não uma afinidade com as imagens recebidas. Se desconhecemos a imagem, nosso cérebro atribui uma resposta caótica, mostrando uma possibilidade de desprezo ou "falha". Dessa maneira, reconhecemos como belo somente aquilo que conhecemos. Freeman (2005) constatou que a percepção depende da atividade simultânea e cooperativa de milhões de neurônios espalhados em todas as circunvoluções do córtex e que essa atividade global pode ser identificada, medida e interpretada somente se, além da visão microscópica do cérebro, trabalharmos no nível macroscópico. Podemos também entender esse mecanismo neural da visão compreendendo que, antes de a imagem se tornar reconhecível, ela precisa de uma referência. O córtex cerebral cumpre essa função: as imagens são direcionadas ao córtex e, a partir daí, decodificadas e respondidas.

Todas a imagens recebidas pelos olhos precisam cruzar um caminho para chegar até a área conhecida como *córtex visual primário*, que é uma área especializada do cérebro que "enxerga" os impulsos recebidos. O córtex visual primário (V1) parece ter uma faixa larga cruzando a camada V4v (tipos de células do V1), por isso leva o nome de *córtex estriado*. Já o termo *geniculoestriado* tem relação com uma ponte entre o tálamo (geniculado) e o córtex estriado. Isso explica por que enxergamos com o cérebro. Esse sistema de encaminhamento das funções visuais não para por aí. Sem a integridade neural, jamais poderíamos estar lendo este material. Imagine agora o bombardeamento de informações que o nosso cérebro recebe e o seu esforço para filtrar o que é mais importante e aproveitar essas imagens.

Depois que as imagens saem da retina, são encaminhadas a um par de estruturas denominadas *corpos geniculados laterais* (CGL) do tálamo – área localizada entre os olhos e o córtex visual. Um pequeno segmento também segue desse ponto para o colículo superior, que vai ajudar a ajustar a cabeça e o olho para que estes maximizem a entrada de informação.

Os neurônios da região do tálamo – CGL – são geralmente ativados por estimulação de um ou outro olho, nunca pelos dois. Quando ocorrem mudanças no estímulo visual, chamamos essas áreas de *campo receptivo*. Depois que a informação parte do CGL, dirige-se ao córtex visual primário ou V1, localizado na parte posterior da cabeça. Essa área é responsável pela direção de movimento dentro do campo receptivo. Ao mesmo tempo que essas informações partem do V1 para outras áreas corticais, também se dirigem às áreas V2, V3, V4, e V5/MT (Figura 1.1).

Em seguida, as informações são encaminhadas ao córtex temporal inferior, que tem como importância maior a percepção de formas e o reconhecimento de objetos. Seguindo o princípio de que não enxergamos apenas com os olhos, outras vias cerebrais são ativadas. Essas vias vão dos feixes ópticos ao núcleo supraquiasmático do hipotálamo, presumivelmente para controlar os ritmos circadianos. Outra via que vai até os núcleos pré-tectais, para o controle da fixação dos olhos, tem sua importância nos objetos analisados e também para a ativação do reflexo pupilar à luz. Seguem também outros impulsos, como citado anteriormente, até o colículo superior, para o controle do movimento bilateral simultâneo dos dois olhos.

As vias ainda seguem até o pulvinar (porção mais caudal do tálamo), usado como via visual secundária. Essa via se processa diretamente pelos feixes ópticos ou, indiretamente, a partir do colículo superior. Por fim, depois de todo esse emaranhado de vias e neurônios se espalhando pelo cérebro para responder à informação desejada, ela é decodificada no córtex de associação verbal, região responsável por informar o que um objeto é e onde está localizado.

Até aqui, afirmamos apenas que a imagem sai da retina e se dirige à área do cérebro para receber os impulsos elétricos no lobo occipital ou no córtex visual primário.

As informações sobre cor, textura e formato são controladas pelo córtex temporal, e os detalhes espaciais, pelo córtex parietal. Somente depois disso é que as informações são passadas ao córtex frontal para que ele possa detalhar a resposta pretendida. Enfim, podemos afirmar que a região superior de cérebro comanda as vias visuais ou, em outras palavras, que o córtex visual só é compreendido se as áreas superiores do cérebro (lobo frontal – na região da testa) forem acionadas. Elas dão, portanto, as respostas finais. Por isso, desde que nascemos, precisamos sempre de muita estimulação, muitas imagens e conceitos visuais para que nossos cérebros armazenem uma grande quantidade de referências que serão necessárias para futuras respostas.

Continuamos a entender a visão, buscando a compreensão de como os raios luminosos penetram em nossos olhos. Quando olhamos algo, do mais escuro ao mais colorido, nossa "máquina fotográfica" captura a luz, que é inicialmente uma energia eletromagnética emitida em forma de ondas. Portanto, tudo o que enxergamos resulta da interpretação de mensagens que são, inicialmente, apenas energia eletromagnética. Esse percurso faz com que as células da retina sejam estimuladas, enviando impulsos pelo nervo óptico. Essa máquina ocular, perfeita em toda a sua natureza, está para nós, humanos, como um satélite está para a transmissão de imagens. Sem ela, não há como enxergar as belezas da vida.

Os antigos filósofos descreveram poeticamente as virtudes de uma boa visão, ressaltando os cuidados para mantê-la em bom funcionamento (Bianchetti; Freire, 1998, p. 29-30). Para uma melhor compreensão, usamos a analogia da laranja. O olho consiste em uma casca grossa, composta por várias camadas, e de um núcleo carnudo. A grosseira membrana ocular externa é aquilo que se vê, como o branco dos olhos. Depois que descascamos a laranja, encontramos, por baixo da casca amarela, outra casca, branca, na qual transitam os canais nutritivos da fruta. Os olhos também estão envoltos por uma casca alimentícia, a coroide, debaixo da qual, como revestimento mais interno, fica um tapete fotossensível, denominado *retina*. O interior do globo ocular não está vazio, como o aparelho fotográfico.

Assim como a laranja está ocupada pelos seus gomos sumarentos, os olhos são preenchidos por um corpo vítreo, de construção bastante semelhante. Acrescentamos a essa "laranja" o cristalino, uma lente muito precisa e indispensável para receber as imagens.

A esclera é a parte branca do olho e forma o globo ocular (Figura 1.2). A córnea é o revestimento externo e claro do olho, que cobre a pupila e a íris. Contribui, graças à sua curvatura, para a refração dos raios luminosos que a atingem, a fim de que convirjam sobre a retina. A íris controla a abertura e o fechamento da entrada da luz. Quando a luz a atravessa, abre-se a pupila e a luz é levemente desviada pela córnea e pelo cristalino. A luz é focalizada na retina, último estágio antes do nervo óptico.

Na retina, inicia-se a atividade neural. Para que a retina possa focalizar a imagem no ângulo correto, o cristalino ajusta os graus para mais ou para menos, a fim de facilitar a visão das imagens de longe e de perto. É importante ressaltar que, quando a imagem chega à retina, ainda está invertida; só depois, quando a imagem chega ao cérebro, é que o processo é corrigido – o que, mesmo nos dias de hoje, ainda não sabemos muito bem como acontece (Dantas; Moreira, 2006).

A câmara escura do aparelho fotográfico "olho" está forrada internamente com um tapete fotossensível, que "abraça" o corpo vítreo à maneira de uma rede, motivo pelo qual foi chamado de *retina*. Esta é um prolongamento do córtex cerebral e consiste em vias nervosas que chegam das profundezas do cérebro em um feixe, o nervo óptico, e terminam em um sistema de neurônios dispostos um atrás do outro.

O primeiro neurônio é a célula da fibra do nervo óptico. Os neurônios se ligam a outras células ganglionares curtas, que, por sua vez, se ligam às células cônicas, chamadas *cones*. Estes respondem à luz clara e são os responsáveis pela visão colorida e pela nossa capacidade de ver detalhes. Pode ser também que as células longas do nervo óptico se liguem a células ganglionares longas, e estas, em forma de bastonetes – mais numerosos que os cones e mais sensíveis à luz fraca –, são usadas principalmente para a visão noturna. Os cones e os bastonetes são, propriamente, os elementos fotossensíveis do fundo do olho, ou seja, as células visuais. Temos, ainda, a fóvea, que está localizada no centro da-retina. Sua função é proporcionar a alta acuidade da visão, e seus campos receptivos estão no centro do campo visual.

Figura 1.2
Olho humano: regiões mais importantes

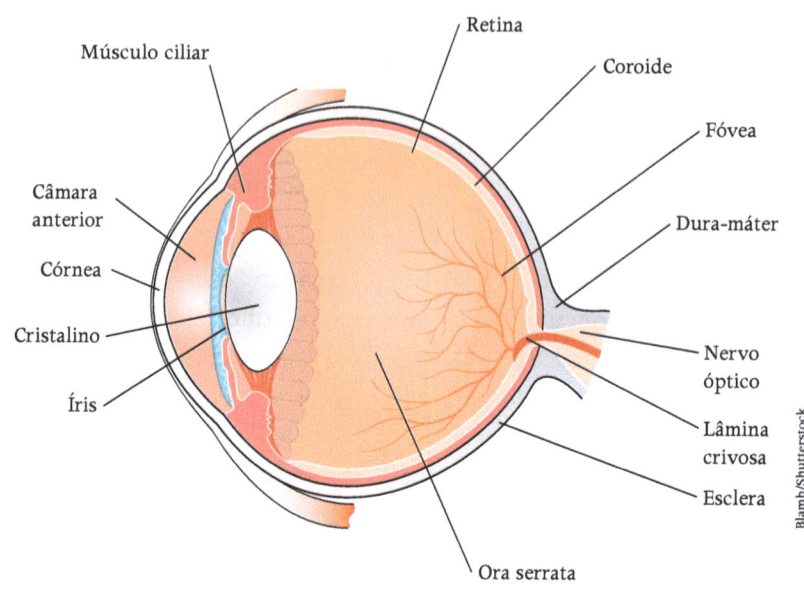

Músculo ciliar
Retina
Coroide
Fóvea
Câmara anterior
Dura-máter
Córnea
Cristalino
Nervo óptico
Íris
Lâmina crivosa
Esclera
Ora serrata

Blamb/Shutterstock

Fonte: Dantas; Moreira, 2006, p. 1.

Para compreendermos esse sistema neural, basta visualizarmos uma rede de pescador, em que os fios fazem "amarras" para dar resistência. No nosso caso, essa rede é útil para que possamos intercambiar ou enviar sinais. Os fotorreceptores na retina estão conectados a duas camadas de neurônios retinianos: a primeira é formada pelas células bipolares, horizontais e amácrimas; a segunda é formada por células denominadas *células ganglionares da retina*. As células bipolares da primeira camada recebem informações dos fotorreceptores que induzem os potenciais de ação da segunda camada. Elas se unem a um feixe no disco óptico e, juntos, deixam o olho para formar o nervo óptico. As outras células da "rede" funcionam como ligação: as horizontais ligam os fotorreceptores às células bipolares, ao passo que as amácrimas ligam as células bipolares às células ganglionares. Essa "amarra" é a maneira que o sistema neural encontra para selecionar e filtrar as informações até atingir os receptores.

Em resumo, quando a luz atinge um fotorreceptor, desencadeia uma série de reações químicas que levam a uma alteração no potencial da membrana. Essa alteração, por sua vez, leva a outra, que é a liberação de neurotransmissores nas proximidades dos neurônios. Isso está acontecendo exatamente agora, quando você lê estas páginas.

Na Antiguidade, conhecimentos sobre a visão eram encarados pelos filósofos da natureza como algo completamente diferente. Eles acreditavam que a visão envolvia a emissão de "raios visuais" pelo olho, que eram então refletidos pelos objetos percebidos. Capra (2008, p. 236), no livro sobre a biografia de Leonardo da Vinci, relata que essa concepção foi primeiramente proposta por Platão e sustentada por Euclides, Ptolomeu e Galeno. Somente o grande filósofo empírico Alhazen expôs a concepção oposta, a de que a visão era acionada quando imagens, levadas por raios de luz, penetravam no olho. Da Vinci, no entanto, ao perceber que as teorias de Alhazen seriam definitivas, constatou que, se olharmos para o Sol ou outro corpo luminoso e, logo após, fecharmos os olhos, nós o veremos similarmente dentro do olho por um longo espaço de tempo. Isso é uma prova de que as imagens entram no olho (Capra, 2008).

Esses novos conceitos modificaram drasticamente os comportamentos da época. Só a partir daí se pôde compreender melhor como a visão é acionada. Assim, ficou provado que Da Vinci não estava errado, pois se orientou pela teoria mais científica e consistente. Ainda nos dias de hoje seguimos esses conceitos.

1.4
COMO OS RAIOS LUMINOSOS SÃO ABSORVIDOS PELOS OLHOS: ESPECTRO DE RADIOFREQUÊNCIA

O conjunto de fenômenos eletromagnéticos, também conhecidos como *espectros eletromagnéticos*, são diferenciados apenas pelo comprimento de onda, sendo caracterizados por radiações e vibrações de campos magnéticos que se propagam no espaço com a velocidade da luz.

Com relação aos raios luminosos, como eles são absorvidos pelos olhos? Isso acontece porque a quantidade de energia emitida é proporcional à frequência da onda e inversamente proporcional ao comprimento de onda: assim, a luz emitida pelas altas frequências (de curto comprimento de onda), como o azul, tem um alto grau de energia, ao contrário da luz de baixa frequência, como o vermelho. Dessa forma, tudo o que enxergamos resulta da interpretação de mensagens que são, inicialmente, apenas energia eletromagnética (Fiori, 2008).

A luz que penetra nos olhos converte a energia do espectro visível da luz em potenciais elétricos que logo são transmitidos através do nervo óptico. A luz visível está compreendida entre os comprimentos de onda de 397 nm e 720 nm*.

Com relação ao branco, os olhos e o cérebro o percebem como uma vasta mistura de frequência, normalmente como energias semelhantes em cada intervalo de frequências. Assim, a "luz branca" é o resultado de muitas cores do espectro, sem que nenhuma predomine especialmente. Já a cor não é uma propriedade da luz, mas uma manifestação eletroquímica do sistema sensorial (olhos, nervos, cérebro).

---

* Nanômetro = 1 milimícron = 10 angstrons

A tabela a seguir mostra o comprimento de onda e a frequência de algumas cores.

TABELA 1.1
FREQUÊNCIAS E COMPRIMENTOS DE ONDA PARA VÁRIAS CORES NO VAZIO

Cor	Comprimento de onda (nm)	Frequência (1.012 hz)
Vermelho	780-622	384-482
Laranja	622-597	482-503
Amarelo	597-577	503-520
Verde	577-492	520-610
Azul	492-455	610-659
Violeta	455-390	659-769

Fonte: Ferreira; Nunes, 2010.

Conforme Bruni e Cruz (2006, p. 767, grifo do original),

> *Uma determinada cor, ou comprimento de onda, é definido [sic] através de três características básicas:*
> TOM OU MATIZ: *é o comprimento de onda absorvido pelos cones, que nos permite saber qual é a cor que estamos vendo.*
> SATURAÇÃO: *refere-se a [sic] pureza da cor. [...]*
> BRILHO: *refere-se à quantidade de luz que um objeto emite, ou seja, número de fótons que atingem o olho.*

Portanto, as cores estão relacionadas com as diferenças de comprimento de onda do espectro eletromagnético e percebidas em faixas específicas. Como mostra a Tabela 1.1, o espectro visível, como é o caso da cor vermelha, é decorrente dos comprimentos de onda longos, e a cor violeta, dos comprimentos de onda mais curtos. As fontes luminosas brancas apresentam todos os comprimentos de onda, por isso são dessa cor. Nelas não há preponderância de nenhuma cor, diferentemente do que acontece com outras cores, em que pode haver um comprimento de onda dominante sobre as demais.

Mundo colorido

Vale lembrar aqui que as cores são processadas pelo córtex visual primário e pelas áreas corticais V2 e V4 (Figura 1.1). Quando essas regiões são lesionadas, há uma perda na percepção das cores. Um exemplo disso é a acromatopsia, quando há uma perda parcial ou total da visão de cores. Essa lesão não provoca anomalias nas células cones da retina. Um possível diagnóstico é a lesão occipitotemporal, sem comprometimento da área V1, do CGL ou da retina. Está também associada a certa falta de reconhecimento das formas dos objetos.

De acordo com o pesquisador Thorsten Hansen, "Quando nós vemos uma banana, na maioria dos casos ela é amarela. Essa associação forte forma o que chamamos de memória colorida, que fica registrada em uma parte do córtex cerebral" (Geraque, 2006). Então, quando vemos uma banana, essa lembrança nos remete imediatamente à cor amarela. Quando isso não acontece, o "processador", no caso, o córtex, por alguma modificação, responde errado.

Não nos deteremos mais no assunto, pois, a seguir, abordaremos as patologias oculares por causas diversas.

Daltonismo

O nome dessa anomalia remete ao químico inglês organizador da teoria atômica da matéria, John Dalton (1766-1844), o qual era portador da patologia. As dificuldades de distinção se verificam nas cores azul, verde e vermelho (em fontes de luz). Em compensação, essas pessoas enxergam o cinza, o amarelo e o azul. A deficiência ocorre nos cones da retina, descritos anteriormente.

A genética explica: a cegueira para cores é ligada aos cromossomos sexuais. A ausência de genes apropriados para a cor nos cromossomos X é explicada pelo traço recessivo. Como o homem tem apenas um cromossomo X, todos os três genes para cores devem estar presentes nesse único cromossomo para que o indivíduo não sofra de cegueira para cores. Isso explica a maior incidência dessa anomalia nos homens, chegando a 8% da população masculina para apenas 0,5% da feminina. Estima-se que 2% dos homens têm cegueira para o vermelho (protanópicos) e 6% para o verde (deuteranópicos), totalizando os 8% para cegueira vermelho-verde. Para isso acontecer com as mulheres, que têm cromossomos XX, elas precisam herdar do pai e da mãe o X alterado geneticamente.

Shinobu Ishihara, professor emérito da Universidade de Tóquio, criou, em 1917, uma série de placas para detectar erros na visão de cores (Figura 1.3). Este ainda é o teste mais utilizado, pela facilidade de avaliação.

FIGURA 1.3
TESTE DE ISHIHARA

Wikimedia Commons

Fácil de aplicar, basta encontrar as placas necessárias para realizar o teste, sendo uma das fontes a internet. Geralmente, o teste consiste na apresentação de números coloridos, acompanhados por outras cores ao fundo. Isso serve para investigar se o avaliado apresenta uma visão compatível com as cores apresentadas. Há, também, casos em que o avaliado enxerga números diferentes dos apresentados, configurando-se, assim, deficiência para alguma cor. Nos casos mais graves, quando não se reconhece nenhum número, entende-se que há deficiência total para cores. De qualquer forma, o diagnóstico final é do médico – a escola faz apenas o encaminhamento.

A versão completa desse teste conta com 38 placas. Por isso, não se precipite, isso é apenas uma sugestão.

As discromatopsias (percepção anormal das cores) congênitas são irreversíveis, não passíveis de tratamento nem de prevenção e sem qualquer caráter progressivo. Por esse motivo, os defeitos de visão de cores não são tão incomuns como pode parecer. A escola e a família são as responsáveis pelo primeiro diagnóstico. Muitas vezes, as crianças não sabem que não estão enxergando corretamente.

A percepção de cores é o resultado de uma sensação visual, causada pela absorção de fótons pelos pigmentos dos cones na retina. Os testes realizados para a visão de cores normalmente são usados para triagem e para caracterizar o tipo de defeito, diferenciar entre defeito congênito e defeito adquirido, avaliar a severidade dos defeitos e orientar testes vocacionais.

Dessa forma, é possível dizer que conhecer um pouco mais sobre a visão é conhecer mais a nossa própria evolução. É acreditar em um sistema que, aparentemente muito pequeno e simples, pode transformar todas as nossas percepções. Ele é, sem dúvida, o sensor do corpo mais completo e bonito, sendo sua função principal a de receber as mensagens visuais do meio e encaminhá-las às áreas cerebrais específicas para serem interpretadas. Se esse sensor visual não estiver em excelentes condições de captação de luz, pode levar o indivíduo a sofrer muitas perturbações, como dificuldades para enxergar, não enxergar nada, não enxergar cores específicas, interpretações errôneas dos estímulos luminosos etc. Esses casos podem comprometer o rendimento escolar, limitando todo o processo de alfabetização ou mesmo os momentos mais adiantados do ensino.

Quem explica tudo isso é a própria história, pois, para que pudesse ocorrer essa evolução dos conhecimentos sobre a visão, muita coisa aconteceu até o momento presente. A escola também aprendeu com tudo isso, pois muitos foram os infortúnios durante esse percurso. Com isso, todos cresceram: escola, medicina, sociedade, reabilitação. Conseguimos discutir e exigir um ensino inclusivo. Sem esses conhecimentos e sem essa evolução histórica, não poderíamos estar discutindo, nos dias de hoje, um assunto tão importante como a visão na escola que almejamos: a inclusiva.

SÍNTESE

Neste capítulo, apresentamos um relato histórico, com muitas suposições sobre a deficiência visual na Pré-História e outras informações reais sobre o retrospecto da deficiência no Brasil. Também enfocamos o início de uma escola para o atendimento dessa população. Esse histórico mostra como surgiu e quais as raízes da nossa educação especial. Informa também que os cegos passaram muitos anos segregados e que a escola funcionava com predominância de ações sem muitas convicções. A perspectiva médica foi a que prevaleceu no início da escola para pessoas com deficiência. Se voltarmos um pouco mais na história, veremos que o assistencialismo vingava em toda a sociedade, inclusive nos locais que atendiam os cegos ou pessoas com baixa visão.

Da filantropia ao integracionismo, para culminar na era da inclusão: assim foi o percurso das vertentes que atenderam as pessoas com deficiência no decorrer da história. O modelo da inclusão é o que a escola atual está buscando, mesmo com todas as dificuldades próprias do ensino regular. Por isso, no ano de 2008, foram apresentadas as Diretrizes da Política Nacional de Educação Especial na Perspectiva da Educação Inclusiva, as quais fortalecem a convicção da inclusão. A fim de que esses conhecimentos não estivessem isolados, apresentamos também o funcionamento da visão, inclusive o funcionamento do córtex visual e suas funções, bem como os defeitos da visão de cores. Lembre-se: o córtex visual é a região do cérebro responsável para decodificar as informações visuais. Ele está localizado na parte posterior da cabeça.

Todas as camadas do olho, antes da retina, servem para proteção. É a partir da retina que os impulsos elétricos começam a existir, até alcançarem a área do córtex visual. É interessante observarmos que, em qualquer área do olho – e não apenas na retina e no nervo óptico –, pode surgir alguma complicação, levando a uma doença ocular ou mesmo a uma deficiência. Algumas dessas complicações podem estar relacionadas aos cones e aos bastonetes, células da retina responsáveis pela visão colorida e pela visão noturna. Quando a luz é focada na retina, a imagem ainda está de ponta-cabeça, como na fotografia. Só depois disso os impulsos são emitidos, via nervo óptico, para o córtex visual, a fim de serem decodificados definitivamente. Esses conceitos atuais foram divulgados pelo cientista Alhazen, depois aceitos e sistematizados por Da Vinci.

Essas informações confirmam que sempre enxergamos com o cérebro. Nossos olhos servem apenas para encaminhar os sinais elétricos, para que o cérebro possa analisar o que estamos enxergando e responder a isso.

Indicações culturais

Filme

VERMELHO como o céu. Direção: Cristiano Bortone. Produção: Danielle Mazzocca e Cristiano Bortone. Itália: Califórnia Filmes, 2006. 95 min.

O filme conta a história de um menino cego, apaixonado pelo cinema e que luta pelos seus sonhos. Mostra o atraso das escolas e as segregações que as pessoas com deficiência sofrem na sociedade moderna.

É um filme lindíssimo, imperdível, sensível e realista, que nos ajudama entender como a escola tradicional/especial excluiu muitos alunos.

LIVROS

DINIZ, D. O QUE É DEFICIÊNCIA. São Paulo: Brasiliense, 2007.

Esse livro chama atenção, primeiramente, pelo seu tamanho (é um livro de bolso). É uma leitura indicada para qualquer profissional da área da saúde/educação ou mesmo para aqueles curiosos e apaixonados pela área. A autora expõe claramente o conceito de deficiência, que reconhece o corpo com lesão, mas também denuncia a estrutura social que oprime a pessoa com deficiência. "Quem é deficiente para o modelo social da deficiência?"*, indaga a autora. Esses e outros questionamentos fazem da obra uma leitura interessante e necessária para todo professor da educação especial.

BAPTISTA, C. R.; CAIADO, K. R. M.; JESUS, D. M. (Org.). EDUCAÇÃO ESPECIAL: diálogo e pluralidade. Porto Alegre: Mediação, 2008.

Trata-se de uma obra convidativa, uma "roda de conversa" sobre temas específicos: diálogos que se cruzam, sem deixar de respeitar a necessária pluralidade de perspectivas. São 26 pesquisadores que expõem suas pesquisas e contemplações sobre perspectivas teórico-práticas sobre a inclusão.

---

*   Esse modelo social da deficiência foi comentado no decorrer do livro.

Atividades de autoavaliação

1. Na educação de pessoas com deficiência visual, a vertente que prevaleceu nos primeiros registros foi:
   a) a concepção pedagógica.
   b) a concepção clínico-terapêutica.
   c) a concepção psicopedagógica.
   d) a concepção de Valentin Haüy.

2. Assinale com V as alternativas verdadeiras e com F as falsas.
   ( ) Diderot é autor de *Carta sobre os cegos para o uso dos que veem*.
   ( ) A primeira escola para cegos no Brasil chamava-se Instituto São Rafael.
   ( ) O Encontro de Salamanca foi realizado em 1894.
   ( ) Louis Braille foi aluno da escola francesa de Valentin Haüy.

   A sequência correta é:
   a) V, F, F, V.
   b) F, F, F, V.
   c) F, F, V, V.
   d) V, F, F, F.

3. Leia o trecho a seguir.

   > Quando as imagens saem da retina, o nervo óptico é o responsável por encaminhar esses impulsos. Estes, antes de chegarem ao córtex visual (cérebro visual), passam pelos corpos geniculados laterais do tálamo (CGL). Esse caminho – do nervo óptico – é obrigatório antes das interpretações realizadas pela nossa área cognitiva.

Sabendo disso, responda: a deficiência na visão pode se dar em que áreas dessa estrutura?
a) Em qualquer estrutura que envolve a visão.
b) Na retina.
c) No córtex cerebral.
d) No córtex visual.

4. Células ganglionares, responsáveis pela visão colorida e pela visão noturna, são, respectivamente:
a) nervo óptico e esclera.
b) células ganglionares longas e fóvea.
c) cones e bastonetes.
d) células gliais e quiasma óptico.

5. Em 2008, foi lançada no Brasil a Política Nacional da Educação Especial na Perspectiva da Educação Inclusiva. Pensando nesse marco histórico da educação especial, assinale a alternativa correta:
a) Na perspectiva da educação inclusiva, a educação especial passa a constituir a proposta pedagógica da escola, definindo como seu público-alvo os alunos com deficiência, transtornos globais de desenvolvimento e altas habilidades/superdotação.
b) A Política Nacional da Educação Especial se responsabiliza em atender, recuperar e diagnosticar os casos de alunos com deficiência que se matricularem nas escolas.
c) Na perspectiva da inclusão, o Estado se responsabiliza em oferecer suporte emocional para a família de alunos com deficiência.
d) Nenhuma das alternativas está correta.

Atividades de aprendizagem

Questão para reflexão

1. Questione seus alunos sobre o sistema de cotas para os alunos com deficiência nas universidades.
   a) Eles são favoráveis ou não?
   b) Quais são as razões? Qual ou quais são os argumentos que sustentam a resposta? Caso os alunos não saibam, explique – seja pelo critério da lei, seja pelo da igualdade de condições – a importância do critério de cotas que tornam a universidade mais democrática e plural.

Atividades aplicadas: prática

1. Faça o experimento da rivalidade binocular com seus alunos, seguindo as orientações do texto a seguir e da Figura A:

> Para simular a rivalidade binocular em casa, use a mão direita para segurar um rolo vazio de papel-toalha (ou um pedaço de papel enrolado como um tubo) diante de seu olho direito. Coloque a mão esquerda, com a palma virada para você, a cerca de 10 cm de seu olho esquerdo, com a lateral da mão encostada no tubo.
>
> Inicialmente vai parecer que sua mão tem um buraco, enquanto sua mente se concentra no estímulo do olho direito. Depois de alguns segundos, porém, o "buraco" será preenchido com uma percepção vaga da palma completa por seu olho esquerdo. Se continuar olhando, as duas imagens vão se alternar, conforme a mente seleciona primeiro o estímulo visto por um olho, depois pelo outro.
>
> A alternância, porém, é um pouco desigual; você provavelmente vai perceber com mais frequência o estímulo que vê através do cilindro.

Fonte: Logothetis, 2004, p. 23.

Figura A
Experimento de rivalidade binocular

Evandro Marenda

2. Encontre na internet as placas de Ishirara e faça o teste de visão de cores com seus alunos. Assim, você ficará sabendo quem são os que precisam de um acompanhamento específico.

3. Tampe um dos olhos do seu aluno – crianças acima de 6 anos – e pergunte como ele "enxerga" os objetos. Depois, faça a mesma coisa com o outro olho. Pergunte se houve diferenças usando os olhos "separadamente". Perceba que o exercício

é diferente do anterior. Neste, um dos olhos está fechado; naquele, os dois olhos estão "vendo".

Leitura complementar

Diretrizes da Política Nacional de Educação Especial na Perspectiva da Educação Inclusiva*

A educação especial é uma modalidade de ensino que perpassa todos os níveis, etapas e modalidades, realiza o atendimento educacional especializado, disponibiliza os serviços e recursos próprios desse atendimento e orienta os alunos e seus professores quanto à sua utilização nas turmas comuns do ensino regular.

O atendimento educacional especializado identifica, elabora e organiza recursos pedagógicos e de acessibilidade que eliminem as barreiras para a plena participação dos alunos, considerando as suas necessidades específicas. As atividades desenvolvidas no atendimento educacional especializado diferenciam-se daquelas realizadas na sala de aula comum, não sendo substitutivas à escolarização. Esse atendimento complementa e/ou suplementa a formação dos alunos com vistas à autonomia e independência na escola e fora dela.

O atendimento educacional especializado disponibiliza programas de enriquecimento curricular, o ensino de linguagens e códigos específicos de comunicação e sinalização, ajudas técnicas e tecnologia assistiva, dentre outros. Ao longo de todo o processo e escolarização, esse atendimento deve estar articulado com a proposta pedagógica do ensino comum.

A inclusão escolar tem início na educação infantil, onde [sic] se desenvolvem as bases necessárias para a construção do conhecimento e seu desenvolvimento global. Nessa etapa, o lúdico, o acesso às formas diferenciadas de comunicação, a riqueza de estímulos nos aspectos físicos, emocionais, cognitivos, psicomotores e sociais e a convivência com as diferenças favorecem as relações interpessoais, o respeito e a valorização da criança. Do nascimento aos três anos, o atendimento educacional especializado se expressa por meio de serviços de intervenção precoce que objetivam otimizar o processo de desenvolvimento e aprendizagem em interface com os serviços de saúde e assistência social.

Em todas as etapas e modalidades da educação básica, o atendimento educacional especializado é organizado para apoiar o desenvolvimento dos alunos, constituindo oferta obrigatória dos sistemas de ensino, e deve ser realizado no turno inverso ao da clas se comum, na própria escola ou centro especializado que realize esse serviço educacional.

Desse modo, na modalidade de educação de jovens e adultos e educação profissional, as ações da educação especial possibilitam a ampliação de oportunidades de escolarização, formação para a inserção no mundo do trabalho e efetiva participação social. [...]

Fonte: Brasil, 2008.

2

Deficiência visual:
conceitos

As causas da deficiência visual são múltiplas e podem ocorrer desde antes do nascimento, durante o parto ou durante o crescimento do indivíduo*. Independentemente da causa da deficiência, a criança pode perder totalmente a visão (cegueira) ou mesmo crescer com algum resíduo dela (baixa visão). Em todos esses casos, a criança vai precisar de possibilidades e estímulos suficientes para crescer e se tornar independente na fase adulta. O seu desenvolvimento não é muito diferente do desenvolvimento daquelas crianças que nascem com uma boa visão, mas sempre exigirá um acompanhamento especial. Se o diagnóstico for realizado correta e precocemente, as primeiras providências deverão ser tomadas o mais rápido possível, caracterizando-se o que chamamos de *estimulação precoce*. Esse procedimento envolve família, especialistas, médicos e todas as pessoas que convivem com a criança. São muitos os cuidados, mas, mesmo assim, todos eles devem ser discutidos e direcionados para o melhor encaminhamento da proposta de reabilitação e educação. De todo modo, quando discutimos sobre escola inclusiva, conhecer a história de reabilitação do aluno, saber se houve ou não, pode ajudar bastante. Por exemplo, é preciso saber se foi realizada a estimulação precoce** quando era bebê; se há defasagens de crescimento e desenvolvimento***; se o aluno apresenta independência de suas atividades diárias etc.

---

* Também pode ocorrer a deficiência visual em adultos, principalmente provocado por acidentes, diabetes, glaucoma e catarata.

** "Conjunto dinâmico de atividades de recursos humanos e ambientais incentivadores, destinados a proporcionar à criança nos primeiros anos de vida, experiências significativas para alcançar pleno desenvolvimento no seu processo evolutivo" (Gil, 2000, p. 25).

*** Essas informações são fornecidas pela família ou detectadas nos primeiros encontros.

Compreender a história da deficiência do aluno, em geral, propicia a realização de percursos pedagógicos mais seguros e proveitosos. Quando a equipe multidisciplinar acompanha essa entrada do aluno na escola, as possibilidades de inclusão são mais garantidas. É bom ressaltar que esses procedimentos não são obrigatórios na escola, porém, ainda assim, são necessários.

2.1
Definições e classificações

De tempos em tempos, surgem dúvidas sobre as classificações internacionais relacionadas à área da saúde. Quando os organismos internacionais se propõem a unificar as definições e as classificações sobre o que é cegueira e o que é baixa visão, bandeiras oposicionistas emergem para criticar o que já está sendo feito. Felizmente, todas as reflexões no âmbito da compreensão dessas respostas são possíveis para direcionar as ações nas áreas da saúde pública, da reabilitação e das políticas públicas. Muitas alterações nesse cenário já foram realizadas, mas, mesmo assim, existem dúvidas sobre alguns conceitos e critérios. Nessa área, o mais importante é conhecer quais são as maiores dificuldades visuais que muitos alunos apresentam, se essas dificuldades interferem nos aspectos pedagógicos e quais são as estratégias que podem ser usadas para interferir nessa realidade.

> **Importante!**
>
> "A deficiência visual é caracterizada pela perda total ou parcial da capacidade visual de um ou dos dois olhos. Trata-se de uma condição que não pode ser corrigida ou melhorada com o uso de lentes ou de tratamento clínico ou cirúrgico" (Lourenço et al., 2020, p. 1).

Existem duas formas para mostrar valores de acuidade visual: a decimal e a fracionária. Obviamente, o valor decimal é o mais simples: 1,0 (considerado como unidade de visão normal: 4/4, 6/6 ou 20/20). Por isso, a medida em metros é a convenção adotada pelo Sistema Internacional (SI). Por outro lado, também existe, a contragosto de muitos, a avaliação da acuidade visual com o uso do sistema imperial britânico de medidas (em polegadas, pés e milhas), no qual uma acuidade de 20/200 significa que uma pessoa com deficiência visual vê a 20 pés o que uma pessoa com visão normal pode ver a 200 pés. Portanto, essa mesma pessoa tem uma perda de acuidade visual de 80% (veja Tabela 2.1). As pessoas com uma acuidade visual parcial têm entre 20/200 e 20/80, ou seja, uma perda entre 79% e 40%.

TABELA 2.1
RESULTADO DA TABELA DE SNELLEN A 6 M OU 20 PÉS

Sistema métrico (pés)	Sistema métrico decimal	% da perda visual
20/20	6/6	0
20/25	6/7,5	5
20/40	6/12	15
20/50	6/15	25
20/80	6/24	40
20/100	6/30	50
20/160	6/48	70
20/200	6/60	80
20/400	6/120	90

Fonte: Pereira, 2004, p. 209, tradução nossa.

Muitas escolas regulares já usam a Tabela de Snellen (Figura 2.1), ou Escala Optométrica de Snellen, para encaminhar aos especialistas alunos com limitações visuais. Tal tabela é fixada na parede a seis passos dados por um adulto ou a seis metros de distância do aluno. O avaliador, que pode ser qualquer profissional da escola, deve assegurar que a medição seja feita em uma sala clara, que a tabela esteja fixada na altura do rosto de quem será avaliado e que o avaliado (aluno) compreendeu o que precisa fazer. Não se deve ficar muito tempo executando essa avaliação, caso contrário, a criança pode cansar e as respostas podem ser prejudicadas. Um dos olhos da criança é vedado para que se possa investigar as vistas isoladamente. O retorno do aluno ou o sinal que este vai mostrar pode ser efetuado com os dedos da mão livre, indicando para o lado que "as pernas da letra apontam" (parece um E).

Figura 2.1
Tabela de Snellen

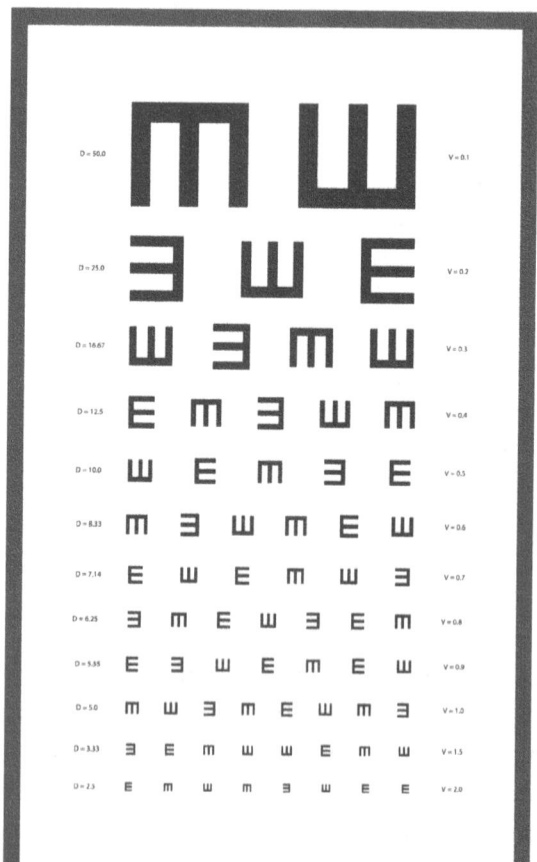

Não se esqueça de que os sinais da tabela (ou a letra) sempre estão direcionados para cima, para baixo, para a direita ou para a esquerda. Para cada linha bastam duas respostas. É possível que a criança que não conseguir acertar pelo menos até a linha que mostra 0,8 apresente alguma deficiência na visão. Esses alunos devem ser orientados, antes mesmo de consultar um oftalmologista, a se sentarem mais próximos do quadro-negro. No entanto, a consulta com o oftalmologista é imprescindível. Uma sugestão é realizar o teste com os alunos da sua classe no início e no final do ano.

Converse também com os outros professores da escola, indagando se, também com eles, esse aluno apresenta algum sinal que esteja atrapalhando o seu aprendizado. Procure saber com o professor de educação física se os deslocamentos na quadra são realizados sem dificuldades. Também convoque os pais e informe-os do resultado do teste, pois eles podem ajudar bastante na recuperação da criança.

A cegueira e/ou baixa visão também pode ser definida utilizando-se o termo *deficiência visual*. Prestigiando instituições brasileiras de referência na área, a Fundação Dorina Nowill para Cegos, explica:

> *A deficiência visual é definida como a perda total ou parcial, congênita ou adquirida da visão. O nível de acuidade visual pode variar, o que determina dois grupos de deficiência:*
> *Cegueira – há perda total da visão ou pouquíssima capacidade de enxergar, o que leva a pessoa a necessitar do Sistema Braille como meio de leitura e escrita;*
> *Baixa visão – caracteriza-se pelo comprometimento do funcionamento visual dos olhos, mesmo após tratamento ou correção. As pessoas com baixa visão podem ler textos impressos ampliados com uso de recursos óticos especiais.* (Fundação Dorina Nowill para Cegos, 2023)

O conceito de baixa visão só foi possível graças ao inglês Sir Hernest Jorgensen. "No ano de 1954, ele solicitou às Nações Unidas que o conceito de deficiência visual fosse alterado, porque até o início do século XX cegos eram todas as pessoas que apresentavam alguma limitação visual, independente do grau da dificuldade visual" (Mosquera, 2000, p. 27).

Outro marco importante, mesmo arbitrário, nas definições e classificações das deficiências foi a publicação, em 1980, da Classificação Internacional de Deficiências, Incapacidades e Desvantagens (Cidid) pela Organização Mundial da Saúde (OMS) – a primeira preocupação de um organismo internacional em definir deficiência e incapacidade. Logo depois da sua publicação, essa classificação despertou dúvidas e inseguranças nos profissionais que trabalhavam com a educação especial; mais do que isso, as próprias pessoas com deficiência se sentiram deslocadas em relação a esses novos conceitos. Anos se passaram e foi esse conceito que norteou as políticas públicas vigentes na época.

Tempos depois, em maio de 2001, a Assembleia Mundial da Saúde aprovou a International Classification of Functioning, Disability and Health (ICF) – em português, Classificação Internacional de Funcionalidade, Incapacidade e Saúde (CIF). Esse estudo foi imprescindível para restabelecer os critérios de entendimento de deficiência e impedimento. A CIF oferece, agora, um modelo para a compreensão dos estados de saúde e seus efeitos. Busca-se também, com essa classificação, uma linguagem comum entre as diversas especialidades, pois, segundo a OMS, a Classificação Internacional de Doenças (CID) e a CIF são complementares. Duas pessoas com a mesma deficiência não apresentam necessariamente a mesma resposta para os estímulos recebidos do ambiente. Isso quer dizer que a função que cada pessoa com deficiência apresenta é muito particular. Essa questão precisa ficar bem definida para que não haja generalizações e limitações de conceitos (Temporini; Kara-José, 2004).

Para complementar esses conceitos, lembramos a introdução deste livro, que revisa brevemente o modelo social da deficiência (1980). Sociólogos britânicos do Union of the Physically Impaired Against Segregation – UPIAS denunciam e justificam como as barreiras sociais impedem os deslocamentos e a paridade de igualdades de condições com as pessoas ditas "normais". Para complementar o que foi escrito no início do livro, cabe mencionar que a proposta do grupo de pensadores era deslocar o foco das questões clínicas e individuais, localizadas no corpo das pessoas com deficiência, para o debate da produção social e histórica da deficiência e as formas de organização de sua resistência (Diniz, 2007).

Esse modelo ainda é pouco estudado e compreendido no Brasil, mas a proposta merece maior atenção. Em resumo, a baixa visão se caracteriza por:

- diminuição da acuidade visual;
- campo visual reduzido;
- dificuldades de adaptação à luminosidade e percepção de cores e alterações de sensibilidade aos contrastes;
- necessidade do uso da bengala longa em alguns casos;
- redução da visão periférica.

2.2
TERMINOLOGIA PARA AS DEFICIÊNCIAS DA ACUIDADE VISUAL E NÚMEROS NACIONAIS SOBRE A DEFICIÊNCIA VISUAL

A tabela a seguir explica as diferenças sobre as classificações da deficiência visual, apresentando os diferentes conceitos das dificuldades visuais, bem como as definições alternativas, utilizadas como sinônimos. Lembramos que a cegueira também é conhecida como *amaurose*, *visão zero* ou *visão nula*.

TABELA 2.2
CLASSIFICAÇÃO DAS LIMITAÇÕES VISUAIS SEGUNDO A OMS CID 11* – VERSÃO 2022

Categorias	Acuidade visual apresentada menor que	Acuidade visual apresentada igual ou maior que
Sem deficiência visual 0		6/12 5/10 (0.5) 20/40
Deficiência visual leve 1	6/12 5/10 (0.5) 20/40	6/18 3/10 (0.3) 20/70
Deficiência visual moderada 2	6/18 3.2/10 (0.3) 20/70	6/60 1/10 (0.1) 20/200
Deficiência visual grave 3	6/60 1/10 (0.1) 20/200	3/60 1/20 (0.05) 20/400
Cegueira 4	3/60 1/20 (0.05) 20/400	1/60* 1/50 (0.02) 5/300 (20/1200)
Cegueira 5	1/60* 1/50 (0.02) 5/300 (20/1200)	Percepção de luz
Cegueira 6	Sem percepção de luz	
9	Indeterminado ou não especificado	
Categoria	Acuidade visual para perto apresentada	
	Menor que N6 ou M 0,8 com correção óptica existente	

* Conta dedos a 1 metro

Fonte: SBVSN, 2024.

---

* Classificação Estatística Internacional de Doenças e Problemas Relacionados à Saúde – 11.

> **Você sabia?**
>
> Na prática, ou seja, no dia a dia da escola, usam-se apenas os termos *baixa visão* e *cegueira* (deficiência visual), independentemente do grau das dificuldades. Assim mesmo, sempre é bom saber como essas diferenças se comportam na hora do aprendizado.

Se forem consideradas as categorias da OMS, a baixa visão corresponde às deficiências visuais binoculares moderada e grave na CID-10 e às deficiências leve, moderada e grave na CID-11.

As definições da tabela mostram alguns conceitos que são utilizados em centros médicos, escolas, hospitais, prefeituras e centros de reabilitação. Essas orientações podem também nortear as políticas públicas dos estados para fomentar os projetos educacionais e/ou de reabilitação visual, as quais necessitam desses conceitos para conhecer quem e quantas são as pessoas com deficiência visual. Assim, o Instituto Brasileiro de Geografia e Estatística (IBGE), mediante a Pesquisa Nacional por Amostra de Domicílios Contínua, informa que há 18,6 milhões de pessoas de 2 anos ou mais com algum tipo de deficiência no país. Pessoas com 80 anos ou mais (52,1%) são a maioria desse número, principalmente mulheres, pretas e pardas (IBGE, 2023).

Desses brasileiros, 6,5 milhões têm deficiência visual (Ramos, 2023), que inclui as pessoas com baixa visão e as pessoas cegas. Esses números indicados pelo IBGE usam como referência a Convenção dos Direitos da Pessoa com Deficiência e a Lei Brasileira de Inclusão, que apontam para as dimensões dessa análise: os impedimentos, as barreiras e as restrições de participação das pessoas com deficiência comparadas com o restante da população.

Já o Censo Escolar de 2019, realizado pelo Instituto Nacional de Estudos e Pesquisas Educacionais Anísio Teixeira (Inep), mostra que as escolas do ensino fundamental dos primeiros anos com infraestrutura adaptada para alunos com deficiência atingiram 55% (Brasil, 2020). Nas escolas do ensino fundamental dos anos finais, o crescimento foi de 63,8%. Por sua vez, nas escolas do ensino médio, foi de 67,4%.

Esses números mostram a evolução e o crescimento da educação especial no Brasil, o que inclui os alunos cegos. Esse crescimento sustentável só é possível com políticas voltadas para o aperfeiçoamento e a capacitação da estrutura que atende esses alunos. Por isso mesmo, a inclusão de todos os alunos especiais na escola regular só será efetivada quando todos os envolvidos no processo estiverem preparados para atender a essa demanda que cresce a cada ano.

2.3
Causas mais frequentes da deficiência visual

As causas da deficiência visual podem ser classificadas em adquiridas ou hereditárias. O primeiro caso compreende as deficiências que são contraídas após o nascimento, principalmente depois que a criança já formou alguns conceitos sobre o mundo que a rodeia utilizando a visão. Os acidentes são as causas mais comuns. Infelizmente, há uma porcentagem desses casos que poderiam ser evitados, mas pouco se tem feito para diminuir essas incidências. Segundo Brito e Veitzman (2000), os números apontam que 60% desses casos poderiam ser evitados.

Nos casos hereditários, em sua grande maioria, as causas estão associadas ao descuido da mãe ou da família em geral, que não se preparou para o nascimento do bebê. Os casos mais comuns envolvem a falta de exames pré-natais, acompanhamento médico, vacinas etc. As fatalidades também são possíveis, como ocorre com os erros genéticos. Estudos nacionais apontam como principais causas da cegueira em adultos: catarata, glaucoma, degeneração macular relacionada à idade e retinopatia diabética.

Estima-se, segundo o Ministério da Saúde, que apenas o glaucoma atinja cerca de um milhão de pessoas no Brasil. Quando não tratado, pode levar à cegueira. A catarata corresponde a 51% dos casos de cegueira no mundo, o que representa 20 milhões de pessoas, de acordo com a OMS. Segundo a Sociedade Brasileira de Oftalmologia (SOB), surgem cerca de 550 mil novos casos no Brasil por ano.

A seguir, apresentamos mais detalhadamente algumas dessas causas*.

Catarata

Definida como opacificação do cristalino, é uma doença fácil de reconhecer em seu estágio avançado, quando a pupila está toda branca ou com leucocoria. A tendência da opacificidade é levar a uma baixa visão, comprometendo a mobilidade e a orientação. A única forma de reabilitação é a cirúrgica. A catarata do adulto é comum acima dos 60 anos de idade (catarata senil), mas pode ocorrer antes por diversas causas, como em decorrência de diabetes, glaucomas, traumatismos etc. A catarata congênita normalmente é bilateral e, provavelmente, de caráter genético. Pode ser também transgestacional, como a ocasionada por rubéola, sífilis ou toxoplasmose. Lembre-se de que a catarata é reconhecível quando o "olho "parece só branco" e essa brancura chama a atenção.

Retinopatia de prematuridade

Causada pela imaturidade da retina em virtude de parto prematuro ou por grande quantidade de oxigênio na incubadora, apre-

---

* As informações sobre essas patologias foram baseadas em Brasil (2006). Disponível em: <http://portal.mec.gov.br/seesp/arquivos/pdf/alunoscegos.pdf>. Acesso em: 24 maio 2023.

senta-se nos graus I, II, III, IV e V. A sequela da retinopatia de graus I, II e III é pequena, sendo que a visão é bem aproveitada, diferentemente do que ocorre nos graus IV e V, em que a visão é bastante reduzida. Não muitos anos atrás, centenas de maternidades no Brasil mantinham um atendimento a recém-nascidos que beirava a irresponsabilidade. Muitos adultos cegos de hoje são fruto desse despreparo. Não se conseguia controlar a dose certa de oxigênio (O_2) para os prematuros de baixo peso, o que provocava uma vasoconstrição retiniana generalizada; como consequência da saída da incubadora, a retina sofria uma hipóxia relativa, estimulando uma proliferação vascular. Muitas cegueiras são resultado desse transtorno. Felizmente, hoje em dia a realidade é outra.

Traumas

Podem ser divididos entre traumas mecânicos (sendo contusões, corpos estranhos e feridas penetrantes as incidências mais comuns) e físicos (calor, frio etc.). Essas causas estão ligadas, principalmente, ao ambiente de trabalho, onde, em muitos casos, não se observa nenhuma forma de prevenção ou mesmo de fiscalização. O mesmo acontece para as causas decorrentes de produtos químicos, como os ácidos e os álcalis, muito comuns em profissões que utilizam esses produtos com frequência. Por isso, as proteções de cabeça e de olhos, em muitas situações laborais e de esporte, são imprescindíveis. Acidentes automobilísticos são os causadores mais comuns de cegueira por trauma.

Retinoblastoma

É um tumor intraocular muito frequente na infância. A sua propagação ou generalização também pode ocorrer por via linfática ou liquórica. As causas não são bem conhecidas, mas o tratamento deve ser precoce. Desconfie sempre das dores constantes na cabeça e na vista.

Retinose pigmentar

É também conhecida como *retinite pigmentosa*, termo usado para definir distrofias hereditárias retinianas caracterizadas pela degeneração do epitélio pigmentar da retina. Pode ocorrer também uma perda progressiva dos fotorreceptores (cones e bastonetes).

O quadro da retinose mostra que a visão central acaba sendo preservada por muito tempo na forma autossômica dominante e a perda da visão central precoce na forma recessiva ligada ao cromossomo X. Existem muitas formas da retinose pigmentar, quase sempre por motivos de alterações genéticas. Nesses casos, famílias mais esclarecidas superam esses problemas mais facilmente, em virtude das informações e orientações recebidas e aplicadas. Aconselhamentos genéticos também são formas importantes de prevenção.

Deficiência visual cortical

É causada por encefalopatias, alterações do sistema nervoso central, convulsões ou lesões occipitais bilaterais, sendo estas últimas as mais comuns. É comum alguns pacientes distinguirem a luz da escuridão. O motivo maior de o paciente negar a cegueira é pelo fato de que os sensores estão intactos, ou seja, os estímulos são recebidos, apenas não decodificados. Por vários motivos (causas genéticas, traumatismos e causas neonatais), o córtex occipital pode ser lesionado e, com isso, provocar a cegueira. O córtex é o responsável por decodificar os sinais vindos do nervo óptico.

Glaucoma

Muito comum em pessoas idosas, é definido como o aumento da pressão intraocular. É uma doença fácil de se diagnosticar e que pode levar à cegueira. Dores de cabeça, dores nos olhos, vista cansada e coceira nos olhos são alguns dos sintomas que podem indicar a necessidade de uma avaliação mais precisa. Crianças de dias ou meses com fotofobia e lacrimejamento injustificados podem ter glaucoma infantil. Cuidados especiais devem ser tomados nos tratamentos com colírios nessas patologias. No século XXI, muitos casos de óbitos são provocados por reações alérgicas a certos colírios, por isso é necessário muito cuidado com esse tipo de medicamento.

Diabetes

Essa doença silenciosa pode provocar uma retinopatia diabética, que ainda é uma das principais causas de cegueira nos diabéticos. Para sermos mais precisos, a retinopatia diabética é responsável pela cegueira em 84% dos diabéticos em geral e em mais de 90% dos que têm menos de 40 anos de idade (Rocha; Gonçalves, 1987, p. 115). Além disso, ela é uma das principais causas de cegueira adquirida, juntamente com o glaucoma e a degeneração macular senil, que será abordada mais adiante. Controlar e prevenir o diabetes continua sendo o tratamento principal nesses casos. Essa patologia ocular afeta a retina, provocando derrames, neoformação nos vasos, proliferação de tecido fibroso etc. O tratamento é acompanhado pelo oftalmologista, auxiliado pelo endocrinologista, pelo nutricionista e por um professor de educação física, ou seja, uma equipe multidisciplinar. Constatamos, mais uma vez, a importância do profissional de educação física nessa área. A intensidade e a duração dos exercícios são as principais preocupações do professor.

Doença macular senil (DMS)

A mácula é a parte central da retina, responsável por perceber os detalhes visuais. Quando as células sensíveis à luz dessa área se degeneram, isso significa que a doença está instaurada. A DMS acomete principalmente as pessoas mais velhas, e seus principais fatores de risco são a hipertensão arterial, a arteriosclerose, o tabagismo e a hereditariedade, tendo maior incidência em mulheres. As vitaminas E e A em altas doses são uma das indicações para a terapêutica dessa patologia.

Atrofia Óptica

Caracteriza-se pela perda total ou parcial da visão, decorrente de lesões ou doenças no nervo óptico, no disco óptico e na papila (porção final do nervo óptico). Ainda podem acontecer degenerações das fibras, tanto das células ganglionares quanto do corpo geniculado. Pode ser divida em:

- ATROFIA ÓPTICA SIMPLES: alteração da função visual como consequência de hidrocefalia, meningiomas ou sífilis. Um disco óptico pálido ou branco é sinal da manifestação da doença.
- ATROFIA ÓPTICA SECUNDÁRIA: pode estar associada à *diabetes mellitus*. Um sinal desse fato é que todo diabético com retinopatia é doente também dos rins. Outras doenças neurológicas também podem estar associadas a essa atrofia, como as doenças metabólicas. As cataratas relacionadas a infecções são exemplos de doenças oculares causadas por infecções intrauterinas. Estas podem estar relacionadas a doenças infecciosas, como toxoplasmose, rubéola, herpes simples e toxocaríase (Dantas; Moreira, 2006). Em qualquer situação, constata-se uma diminuição da acuidade visual (20/40 a 20/400). É comum encontrarmos essas limitações visuais em crianças com múltipla deficiência. As causas são variadas, como tumores, doenças metabólicas, degenerativas e pressão intracraniana aumentada. Associados à baixa visão, pode-se encontrar também distúrbios psicomotores, afetivos e cognitivos, como dificuldades na marcha, timidez, limitações na aprendizagem, entre outros.

É interessante ressaltarmos que existem muitas formas de alterações visuais. Por isso, em qualquer momento em que se perceba a existência de alguma alteração na acuidade visual, é importante procurar um especialista. Os erros genéticos, atualmente, são mais fáceis de serem detectados precocemente. As causas da cegueira por acidentes em locais de trabalho também podem ser perfeitamente evitadas. Se a saúde ocular fosse uma preocupação de saúde pública, haveria um número muito menor de cegos em nosso país. Apesar disso, a escola precisa fazer a sua parte.

Além da baixa visão causada pelas doenças apresentadas, conforme Martin e Buno (2003), há também anomalias mais comuns que podem comprometer o rendimento escolar, quais sejam:

- HIPERMETROPIA: acontece quando a imagem é focada atrás da retina. Essa patologia ocular pode ser de origem congênita, com frequência hereditária, e sua consequência é um encurtamento do diâmetro anteroposterior do globo ocular. O hipermetrope tem dificuldades de enxergar de perto.
- MIOPIA: ocorre quando a imagem é focada antes da retina. Na maioria dos casos, há um aumento do diâmetro anteroposterior do olho. O míope tem dificuldade de enxergar a distância e, quando não tratada, a miopia pode provocar sérios danos ao paciente.
- ASTIGMATISMO: a causa principal é uma alteração na curvatura da córnea, um encurtamento ou alargamento do eixo anteroposterior ou um defeito na curvatura do cristalino. Nesse caso, a imagem percebida sempre acaba sendo distorcida.

Com alguns procedimentos simples implementados na escola (Teste de Snellen, salas de aula bem iluminadas etc.) e com o acompanhamento da família, muitos casos de deficiência podem ser evitados. Os casos mais comuns, relatados anteriormente, devem ser acompanhados também por um oftalmologista. Hoje em dia, em qualquer escola, não se pode admitir omissão nesses procedimentos.

2.4
Formas de prevenção da cegueira

Não temos a pretensão de mostrar aqui todos os caminhos que levam à erradicação da cegueira, mas é função deste livro orientar o leitor sobre as formas mais práticas de prevenção. Comecemos pelo tópico mais importante quando nos referimos a qualquer tipo de prevenção: a educação. Quanto maior o grau de instrução de uma nação, maior a sua capacidade de absorver as informações necessárias para evitar doenças, acidentes ou tragédias. Por isso o elevado número de brasileiros cegos. Somos um país que não tem um planejamento de saúde pública nem de ações volta- das para o bem-estar da população.

Há necessidade de as mulheres brasileiras se conscientizarem da importância da vacinação contra a rubéola antes da gestação, principalmente na faixa etária dos 18 aos 30 anos. As estratégias dessa iniciativa são o controle específico de doenças e o desenvolvimento de recursos humanos, de infraestrutura e de tecnologia apropriada.

O Abril Marrom é uma campanha nacional da prevenção da cegueira, que enfatiza o diagnóstico precoce e o tratamento das condições oculares que podem causar a cegueira. Como mencionado anteriormente, várias doenças oculares podem ser evitadas e, em geral, procedimentos como consulta ao oftalmologista, proteção dos olhos em atividades profissionais ou esportivas que possam ferir os olhos, sono reparador, cuidados primários na infância, cirurgias reparadoras com baixo custo, prática de atividades físicas são iniciativas simples que previnem a cegueira.Ademais, ao aparecerem manchas ou cicatrizes nos olhos, deve-se procurar um especialista imediatamente. Também é importante evitar traumas.

Desde 2016 essa campanha é realizada no Brasil, no mesmo mês em que é comemorado o Dia Nacional do Braille e o nascimento do professor José Álvares de Azevedo (1834), professor cego que estudou na França e trouxe o braille para o Brasil (veremos mais sobre isso em outro capítulo).

Já tivemos outras campanhas de prevenção da cegueira, como o Vision 2020: The Right to Sight, talvez o projeto de prevenção da cegueira organizado pela OMS mais bem recebido pela comunidade científica. Assim mesmo, não alcançamos – em nenhum lugar do mundo – o que foi projetado.

A seguir, apresentamos alguns dados mundiais que mostram a urgência dessas estratégias, baseados em Temporini e Kara-José (2004):

- A cada cinco segundos, produz-se um caso de cegueira entre adultos e, a cada minuto, um caso na população infantil.
- A cada ano, detectam-se de um a dois milhões de novos casos de cegueira.
- Cerca de 45 milhões de pessoas no mundo apresentam cegueira, e 135 milhões, baixa visão.
- 90% dessas pessoas vivem em países mais pobres.
- 80% da cegueira no mundo poderia e pode ser evitada.

Por tudo isso, todo e qualquer projeto de promoção da saúde ocular, promovido pela OMS ou qualquer outra parceria, é oportuno. As campanhas preventivas cumprem as suas missões quando a população em geral consegue aproveitar as ações propostas, tanto a prevenção primária, que atende a comunidade em geral, como a secundária, que orienta os indivíduos a respeito do diagnóstico precoce e dos primeiros atendimentos. É possível afirmar que a escola inclusiva cumpre a sua função oferecendo prevenção nesses dois momentos.

A prevenção é o caminho mais interessante para a escola inclusiva, pois esta, com poucos recursos e muita imaginação, pode transformar-se. Saúde ocular é apenas um dos aspectos necessários para o início dessa transformação. Sabe-se, atualmente, que a repetência e a evasão escolar contribuem para o aumento de jovens despreparados para o mercado de trabalho e, consequentemente, de baixa renda. A engrenagem do insucesso deve ser discutida na escola e, entre as diversas ações preventivas, a visão é um bom começo.

Síntese

Neste capítulo, apresentamos conceitos e definições da deficiência visual e da cegueira, as causas patológicas mais frequentes e as formas de prevenção. Destacamos a importância da implementação do Teste de Snellen nas escolas regulares/inclusivas, uma forma simples e eficaz para a detecção de limitações na acuidade visual, muito comum em estudantes. Também mencionamos projetos que visam à prevenção, contemplando propostas com ampla abrangência, tendo em vista diminuir os casos de deficiência visual e facilitar o acesso ao tratamento desta.

A perspectiva apresentada até aqui vai possibilitar novas discussões no decorrer dos próximos capítulos.

Indicações culturais

Filme

PERFUME de mulher. Direção: Martin Brest. Produção: Martin Brest. EUA: Universal Pictures/UIP, 1992. 156min.

Uma das cenas mais importantes do cinema mundial, comentada por todos os que assistiram a esse filme, mostra o personagem principal – um cego, interpretado por Al Pacino – dançando tango (*Por una cabeza*, música consagrada por Carlos Gardel). Essa cena marca, além da bela interpretação do ator, a possibilidade real de movimento de um cego, o qual utiliza de todos os recursos fisiológicos para o reconhecimento do espaço físico.

Atividades de autoavaliação

1. Segundo a definição da Organização Mundial da Saúde (OMS), marque a única alternativa correta para baixa visão:
   a) 5/60 no olho corrigido.
   b) 16/60 na visão melhor.
   c) 40/200 ou 6/20.
   d) 6/60 ou 20/200 no melhor olho.

2. Com relação ao Teste de Snellen, assinale a alternativa correta:
   a) A tabela é fixada a oito metros do avaliado.
   b) O teste é realizado em uma das vistas, enquanto a outra permanece vedada.
   c) O aluno permanece em pé durante a avaliação.
   d) Apenas a oftalmologista pode realizar esse teste.

3. Segundo a American Foundation for the Blind (AFB), criança cega é "aquela cuja perda de visão indica que pode e deve funcionar em seu programa educacional, principalmente através do uso do sistema Braille, de aparelhos de áudio e equipamentos especiais, necessário para que alcance seus objetivos educacionais com eficácia, sem uso da visão residual" (Masini, 1994, p. 40).

   Sobre essa proposição, indique o fator que pode prejudicar o programa educacional:
   a) Realizar periodicamente o Teste de Snellen.
   b) Encaminhar ao oftalmologista os casos suspeitos de baixa visão.
   c) Aplicar colírios nos casos de suspeitas de dor nos olhos.
   d) Propor programas que auxiliem na prevenção da deficiência visual.

4. Com relação às causas da deficiência visual, aponte a alternativa INCORRETA:
   a) A catarata é definida como opacificação do cristalino.
   b) O glaucoma é definido como tumor intraocular.
   c) O diabetes pode provocar uma retinopatia.
   d) A doença macular senil também está associada à hipertensão arterial.

5. Entre as ações necessárias para a prevenção da deficiência visual estão:
   I. Vacinação das mulheres contra a rubéola.
   II. Para as gestantes, evitar o contato com animais domésticos, prevenindo a toxoplasmose.
   III. Ingestão de muitos líquidos para a lubrificação do nervo óptico.
   IV. Evitar traumas na cabeça.

   Estão corretas as afirmativas:
   a) I, II, III e IV.
   b) I, II e IV.
   c) I, III e IV.
   d) II, III e IV.

Atividades de Aprendizagem

Questões para Reflexão

1. Conhecendo as principais causas da deficiência visual no Brasil, relacione os principais procedimentos que podem colaborar para a prevenção da cegueira.

2. Qual é a importância do Teste de Snellen e como ele é realizado? Quais são os principais procedimentos para que ele seja executado corretamente?

Atividade aplicada: prática

1. O Centro de Estudos Educação e Sociedade (Cedes) publicou o caderno 75 com o título *A educação e a inclusão social de sujeitos com deficiência visual*, em maio/agosto de 2008.* Os seis artigos abordam temas relacionados à escola regular e suas implicações no ensino de crianças e jovens com limitações visuais e, como afirmam os organizadores, colaboram com a reflexão necessária para a comunidade em geral que necessita dessas discussões.

   Escolha e leia um dos artigos, em seguida grave um filme de 2 minutos comentando sobre a leitura. Deixe isso registrado por meio de uma síntese do artigo escolhido. Divulgue na escola o que foi produzido.

---

* Disponível em: <https://www.cedes.unicamp.br/periodicos/cadernos-cedes/75-v28-maioago-2008-educacao-e-inclusao-social-de-sujeitos-com>. Acesso em: 23 maio 2023.

3

Sistema braille e soroban na escola inclusiva

Não é segredo que o sistema braille é o recurso de leitura e escrita mais prático para o uso de pessoas que não enxergam. Porém, por muito tempo, também se pensou que os alunos com baixa visão poderiam se beneficiar se não usassem o resíduo de visão que têm, evitando a cegueira total. Essa crença foi vivenciada por muitas gerações de crianças e jovens com deficiência visual, o que nos nossos dias é inadmissível.

Por isso, todo e qualquer método de ensinamento de leitura e escrita para pessoas com deficiência visual deve ser avaliado muito bem. Não se pode perder muito tempo para escolher ou, mesmo, arriscar métodos impróprios. O método braille, invariavelmente, deve ser aplicado às crianças cegas ou a qualquer pessoa que não possa usar a visão para ler ou escrever. Nos casos da baixa visão, é preciso saber se o aluno tem condições de frequentar a escola usando outros materiais adaptados, como lupa, lentes de aumento, computador etc. Mais de 80% das pessoas rotuladas como "cegas" têm algum resíduo visual. Por essa razão, é necessário saber quem são e como está funcionando a visão desses alunos.

O mesmo acontece com o soroban, um material cientificamente comprovado que, além de contribuir para o aprendizado na disciplina de matemática, pode ajudar os seus praticantes a usar melhor o cérebro. A escola inclusiva pode perfeitamente usar o soroban com crianças que enxergam bem, pois o seu uso pode colaborar para a qualidade de ensino, bastando que todos se motivem a utilizá-lo.

Assim, é importante entender que o computador é uma ferramenta fundamental, mas o braille e o soroban são imprescindíveis.

3.1
Braille: lendo com as mãos

A história do sistema braille começa com Valentin Haüy, que fundou, em meados do século XVIII, o Instituto Real dos Jovens Cegos de Paris. Conforme Piñero, Quero e Diaz (2003, p. 227),

> Haüy começou a utilizar letras em relevo impressas sobre o papel para que pudessem ser lidas pelos cegos. Mediante esse procedimento, que se valia das mesmas letras da escrita normal, foram editados os primeiros livros que podiam ser lidos por cegos e videntes. Esse método se tornou pouco eficaz, pois embora facilitasse a leitura, esta se fazia de forma muito lenta, dado que o dedo deveria seguir o contorno das letras, e a escrita se tornava complicadíssima pois era inexistente.

A ideia de utilizar pontos em relevo em vez de letras surgiu com a sonografia ou código militar criado por um capitão do exército francês chamado Charles Barbier (1767-1841), cujo objetivo era a leitura de mensagens noturnas, sem o uso de lamparinas. Barbier, "juntamente com o sistema, inventou a lousa e [a] punção para a escrita tátil" (Piñero; Quero; Diaz, 2003, p. 228). Entretanto, a tentativa de se implantar a sonografia como estratégia de guerra para se valer de vantagens não foi bem-sucedida, visto que não agradou a todos os comandantes franceses.

Em razão dessa recusa em usar um código militar diferente do tradicional, Barbier encaminhou a ideia para o Instituto Real dos Jovens Cegos de Paris. Quem mais se entusiasmou com a ideia no Instituto foi Louis Braille. Jovem e muito inteligente, ele tinha curiosidade em aprimorar o invento.

Louis Braille (1809-1852) nasceu em Coupvray, França. Em consequência de um acidente, ficou cego aos 3 anos. Conheceu o método de Barbier quando tinha 14 anos, em Paris, no Instituto criado por Haüy, a única escola especializada em cegos da Europa. Sempre foi um menino curioso e sedento por aprender os segredos de uma escrita para cegos. Segundo Piñero, Quero e Díaz (2003), em virtude da complexidade do método de Barbier, que utilizava 12 pontos em relevo, Braille limitou o número de pontos ao perceber que, no máximo, seis pontos poderiam ser percebidos ao mesmo tempo. Com mais algumas adaptações e muita dedicação, deu-se, em 1825, a criação do método, também conhecido como *leitura tátil dos seis pontos*. A convenção do nome *braille* em todo o mundo homenageia seu inventor. O primeiro livro nessa escrita data do ano de 1837, a partir do qual os cegos iniciam as reflexões e interpretações do que era escrito. Uma nova fase na vida das pessoas que não enxergavam começou a surgir com o invento do método braille. Como analogia, podemos dizer que foi a descoberta do computador, uma revolução.

3.2
O QUE FAZER ANTES DE INICIAR O ENSINO E A APRENDIZAGEM DO BRAILLE

O mais importante no início da alfabetização de crianças cegas é o que alguns autores chamam de *pré-braille*, ou seja, o que se pode fazer antes de ensinar o braille propriamente dito. Preferimos, aqui, chamar de *iniciação ao braille*.

Para iniciar o aprendizado do braille, é necessário que o aluno esteja apto a movimentar os dedos com uma certa precisão e coordenação. Além do sistema tátil, que encontra consonância com o que se está sentindo, há também outro sistema em ação: o sistema háptico, uma interpretação que fazemos com os nossos músculos e outros sistemas para reconhecer o que estamos tocando. É uma sensibilidade mais profunda. Por esse motivo, a criança cega deve ser estimulada a exercitar a coordenação motora fina.

O lúdico é parte fundamental em qualquer processo de aprendizagem, o que não é diferente com os cegos. Por exemplo, brincar com massinhas pode favorecer a melhora na coordenação motora fina, como também a ação de enrolar pedaços de papel. São atividades lúdicas sem custo e de fácil execução.

FIGURA 3.1
PUNÇÃO PARA FURAR O PAPEL

Pensando na punção (Figura 3.1) e no manejo de objetos próprios do braille e do soroban, podemos sugerir atividades com as crianças nas quais elas furem isopor ou material semelhante. Pode-se furar o isopor com lápis, caneta ou qualquer objeto que exija coordenação e direção para tal tarefa. Com isso, o aluno começa a compreender a dinâmica da perfuração do papel. Da mesma maneira, com a intenção de fazer o aluno entender o processo de perfuração do papel e o reconhecimento espacial de uma cela braille, podemos pedir que ele use a ponta dos dedos, principalmente os indicadores, para pintar um objeto em alto relevo. Essa atividade, além de exercitar a sensibilidade da mão, pode também incentivar a formação da concepção de formas e texturas.

Desde cedo, é necessária a formação de conceitos para uma criança cega, a fim de que ela possa refletir sobre as ações e as decisões, como a compreensão do que é uma cor. As aulas de música nas escolas são pouco exploradas para os reforços escolares e a inclusão. Essas atividades devem ser muito bem ministradas para que motivem os alunos a utilizar a mão como forma de realização de uma atividade artística. Isso vai facilitar futuramente o uso dos materiais do braille e do soroban.

Os planejamentos das aulas de arte dentro das escolas devem direcionar os professores a confeccionar maquetes, pois esses materiais incentivam o reconhecimento dos espaços físicos escolares.

Há outras atividades que favorecem a coordenação motora fina, como: brincar com bolinhas pequenas, de papel ou qualquer outro material, que possam ser manejadas com apenas os dedos, indicadores e polegares; usar elementos da natureza, como areia, terra, grama, entre outros. Todos esses elementos podem auxiliar na sensibilidade das mãos da criança cega. Podemos, também, usar bolinhas de gude, ajudando as crianças a arrumá-las em colunas, separadas em pequenas e grandes distâncias.

Outros materiais podem ser empregados nessas atividades. Com palitos de fósforo ou de sorvete, podemos pedir que organizem quadrados, retângulos, linhas paralelas, cruzamentos etc. Isso vai ajudar o aluno a compreender o que é uma quadra, um cruzamento de ruas, a noção de ruas paralelas etc.

Com barbantes, podemos formar círculos de diversos tamanhos, montagens que representem a realidade da criança; sugerimos que o aluno fique dentro e fora dos círculos, pois é aí que se dá o início da representação mental sobre conceitos abstratos. Podemos pedir, ainda, que os alunos façam dobraduras com papel (as que mais interessarem ao grupo). A arte do origami, quando possível, pode incentivar as crianças a gostar de arte através das dobraduras. Em uma fase mais avançada, apresentamos a reglete e deixamos a criança cega brincando de furar cada cela, usando a punção, sem exigir que ela chegue a algum resultado.

FIGURA 3.2
REGLETE E CELAS PARA A PERFURAÇÃO – CADA RETÂNGULO DA IMAGEM REPRESENTA UMA CELA

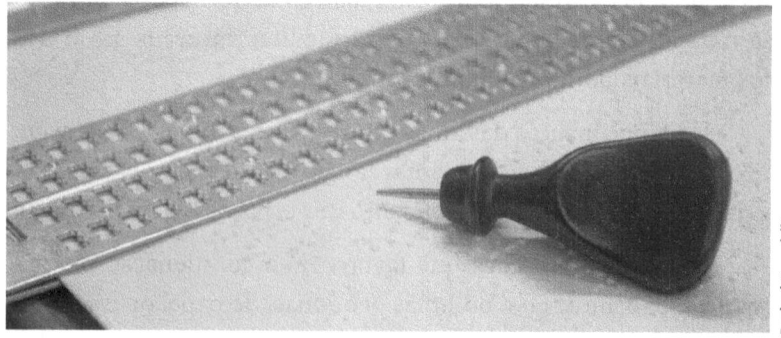

Exercícios mais diretivos podem exigir que os alunos realizem algumas combinações de números, como: solicitar que eles furem 1, 2, 3 ou 4, 5, 6 ou 1, 2 ou 3, 6 – são combinações que exigem o mapeamento de uma cela (Figura 3.2).

3.3
COMO FUNCIONA O SISTEMA BRAILLE

Não podemos nos esquecer, professores da educação especial ou de áreas afins, de que a leitura é uma atividade psicológica que cumpre uma função social – a de transmitir informações determinadas culturalmente. Por isso, o ensino do braille é fundamental para os cegos. Devemos sempre orientar os leitores que usam o sistema de relevo para que utilizem sempre os dedos indicadores como a principal referência.

O funcionamento da escrita para cegos não poderia ser de uma forma na qual o próprio escrevedor não pudesse ler o que está escrevendo. Por isso, a escrita em braille ainda hoje é o sistema mais apropriado para pessoas cegas.

"Furando"* com uma punção (Figura 3.1) uma área da cela braille (espaço próprio para o "furo") dentro de uma reglete (Figura 3.2), temos o que conhecemos como *escrita braille*.

FIGURA 3.3
REPRESENTAÇÃO DE CELA USADA PARA A ESCRITA EM BRAILLE

1	4
2	5
3	6

---

*. "Furar" é apenas um reforço para designar a pressão necessária para o papel formar relevo do outro lado da folha.

FIGURA 3.4
REGLETE E PRANCHA PARA SUPORTE DO PAPEL

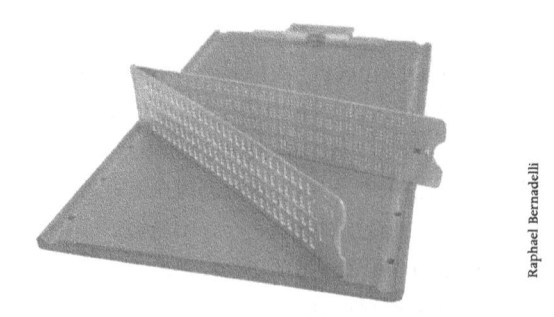

Dentro da cela braille existe a possibilidade de se realizar um total de 64 combinações, com o uso de seis pontos-chave. Funciona assim: os três pontos da esquerda da cela, em linha vertical (Figura 3.3), formam os números 1, 2 e 3; os da direita, os números 4, 5 e 6. Essa convenção é usada para a leitura em braille Para a escrita, inverte-se o lado da cela. A mesma sequência de pontos é usada, apenas perfurando o papel da direita para a esquerda e escrevendo do lado direito da folha para o esquerdo*.

FIGURA 3.5
PONTOS USADOS NA ESCRITA EM BRAILLE

| 4• •1 |
| 5• •2 |
| 6• •3 |

É bom lembrarmos também que a espessura do papel usado para o braille é mais grosso que a do papel comum. Isso é necessário porque, depois de escrever, é preciso virar a folha para passar os dedos (ler) sobre os relevos deixados pela pressão da punção.

---

* Nas próximas páginas, será explicado o funcionamento da reglete positiva, uma forma mais rápida de utilizar o braille.

Assim, temos a leitura da esquerda para a direita e a combinação dos pontos.

A Figura 3.6, na sequência, mostra o alfabeto em braile*, bem como suas pontuações, sinais gráficos e números e a forma como a combinação de seis pontos pode gerar, em cada uma das celas, as 64 combinações.

FIGURA 3.6
ALFABETO, NÚMEROS E SINAIS GRÁFICOS EM BRAILLE

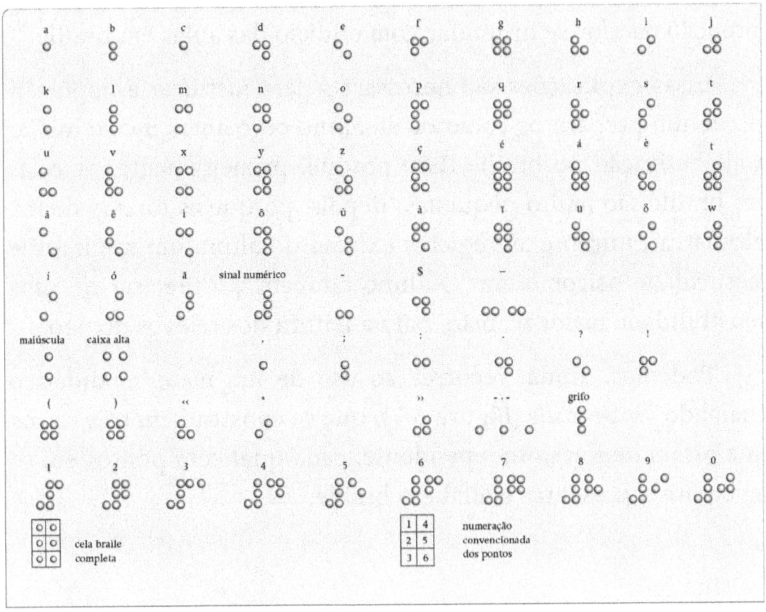

Fonte: Fundação Padre Chico, 2009.

Em regra, utilizamos outra sequência para compreender essas combinações: A PRIMEIRA SÉRIE FORMA AS DEZ PRIMEIRAS LETRAS EM BRAILLE (A-J), na qual são usados os pontos das duas

---

*. No método braille tradicional é usado dois alfabetos, um para escrever e outro para ler. Para a leitura, inverte-se apenas as colunas do alfabeto de escrita.

primeiras fileiras de cima da cela, ou seja, os pontos 1, 2, 4 e 5. Os números até dez também são representados por esses sinais. A SEGUNDA SÉRIE É FORMADA PELAS LETRAS DE K A T, ou seja, nas próximas dez letras é acrescido o ponto 3 da cela braille, localizado no canto inferior esquerdo (pontos 1, 2, 3, 4, 5). Já A TERCEIRA SÉRIE É REPRESENTADA PELAS ÚLTIMAS CINCO LETRAS DO ALFABETO, para as quais são acrescidos os pontos 3 e 6, localizados na última fileira da cela (pontos 1, 2, 3, 4, 5, 6).

Com a prática dos exercícios, você verá que fica mais fácil compreender a utilização do alfabeto, principalmente quando a intenção não for se intimidar com o início das aulas em braille.

Essas explicações são necessárias para justificar a importância de um preparo psicomotor do aluno cego antes de ele iniciar a alfabetização no braille. Isso porque, primeiramente, as celas em braille são muito pequenas; depois, porque as formas de manipular a punção e as regletes exigem do aluno um mínimo de maturidade psicomotora. O aluno também vai precisar de uma sensibilidade maior na mão, para a leitura dos relevos no papel.

Podemos, ainda, recorrer ao uso de um material didático chamado *gira-braille* (Figura 3.7), que se constitui em três cubos que giram de forma independente, cada qual com pontos em relevo para representar o alfabeto braille.

FIGURA 3.7
GIRA-BRAILLE

Todas as 64 combinações podem ser representadas no gira-braille – um material de custo muito baixo e que pode facilitar o aprendizado do braille na fase inicial.

Reglete positiva

O método braille foi criado no século XIX; já a criação da reglete positiva ocorreu em 2007, no século XXI, pela bióloga Aline Piccoli Otalara, fundadora da empresa Tecnologia e Ciência Educacional (Tece), que comercializa o material. A ideia é genial, mesmo que a técnica seja muito simples. Não se tem notícia no mundo de que exista algo parecido, tamanha a importância dessa criação. O mais importante é que com esse material se reduz em 60% o tempo gasto para aprender a escrever e ler em braille. No braille tradicional, que foi apresentado anteriormente, a escrita é iniciada da direita para a esquerda, em forma "espelhada", para que, ao virar a folha, a leitura possa ser feita da esquerda para a direita. Por isso o uso de dois alfabetos, um para escrever e outro para ler.

A criação da reglete positiva é baseada no uso de uma punção em forma de caneta sem ponta, com concavidade fechada. Ao contrário do outro método, nesse, o papel é "sugado", ou seja, o relevo se forma automaticamente, não é necessário virar a folha para fazer a leitura. Esse processo é a razão para a redução do tempo de aprendizado de braille por alunos e professores. Outro ganho é o fato de que se utiliza apenas um alfabeto, seja para a escrita, seja para a leitura.

Apesar dessa ideia de incrementar e reduzir o tempo de aprendizagem, infelizmente o que se percebe ainda é o não aproveitamento desse novo método de ensino. Apenas os iniciantes é que usam e aprendem com esse novo material. Os veteranos no braille "tradicional" ainda preferem o método original. Esse subaproveitamento da reglete positiva é mais um tema para se discutir nas escolas e nas universidades. Questões financeiras não podem ser a razão do subaproveitamento de um material que facilita a aprendizagem.

Números em Braille

Para escrever os números em braille, é necessário que estes venham precedidos do sinal 3, 4, 5, 6, ou seja, da letra L invertida, que representam os algarismos de um a zero. O alfabeto braille usa as próprias letras para representar os algarismos. Esse sinal é necessário para diferenciar as letras do alfabeto. Toda vez que um aluno cego ler o sinal 3, 4, 5, 6, logo na primeira cela saberá que os sinais seguintes são números (Figura 3.6).

Exemplos: a primeira cela 3, 4, 5, 6 (números), depois os seguintes símbolos: A, para representar o 1; B, para representar o 2; C, para representar o 3 e assim por diante.

Quando forem dois ou mais algarismos, é preciso usar na frente os pontos 3, 4, 5, 6. Para representar, então, o número 127, após a sequência de pontos, usam-se as letras ABG.

> **Preste atenção!**
>
> Ao manusear a reglete, tenha sempre próximo o alfabeto braille, fundamental para aprender a escrever e ler em braille. No caso dos alunos cegos, estes, sim, precisam decorar o alfabeto.

3.4 Escola, alfabetização e aprendizagem da pessoa com deficiência visual

Independentemente de como você considerou os exercícios de iniciação ao braille, para facilitar a aprendizagem do sistema, o ideal é que toda criança cega possa se familiarizar com os exercícios sugeridos na Seção 3.1, de organização da planificação motora. Para Fonseca (2008, p. 182), esses aprendizados são caracterizados, no seu processo, pela "passagem da integração sucessiva das aquisições motoras posturais para a sua integração simultânea, o que subentende um sistema somatognósico (consciência corporal) recheado dos acontecimentos vivenciados, experienciados e incorporalizados".

A família tem um papel importante nessa primeira fase e a estimulação da criança cega também passa por atividades que tenham alguma semelhança com a forma da escrita em braille. Se esse cuidado for observado, a criança sofrerá um atraso menor que o previsto quando ingressar nas séries iniciais do ensino fundamental. Os exercícios propostos anteriormente atendem, principalmente, a uma necessidade inerente ao desenvolvimento de crianças cegas: um pequeno ou grande atraso psicomotor. Trata-se de tarefa importante também para a motivação dos alunos.

Contudo, vale a pena ressaltarmos que, conforme Bruno e Mota (2001, p. 28), "alguns estudiosos, especialmente da linha construtivista, consideram até certo ponto desnecessários exercícios prévios, que preparam o educando para ingressar no processo de alfabetização propriamente dito, porque não acreditam na chamada prontidão para a alfabetização".

A ESCRITA COM A MÁQUINA PERKINS BRAILLER

Além da reglete, pode ser usada para a escrita em braille uma máquina conhecida como Perkins Brailler (Figura 3.8), fabricada pela Perkins School for the Blind. Essa máquina foi a mais utilizada por muito tempo; atualmente, os computadores assumiram essa função. Ela foi criada por Frank H. Hall em 1882, nos Estados Unidos da América.

Essa máquina tem seis teclas, uma para cada ponto da cela braille Além das seis teclas, há também uma tecla usada como espaçador, localizada no centro do teclado, outra para mudança de linha e uma para retrocesso. As combinações do braille são feitas na máquina pressionando-se as teclas individualmente ou simultaneamente, quando for o caso.

FIGURA 3.8
MÁQUINA PERKINS BRAILLER PARA A ESCRITA EM BRAILLE

Raphael Bernadelli.

Uma das vantagens da máquina Perkins Brailler é que a escrita e a leitura são feitas da esquerda para a direita, diferentemente do que ocorre com a reglete. Além disso, tudo o que é possível executar com a reglete também pode ser efetuado com a máquina. Algumas escolas especializadas em cegos iniciam a escrita em braille com o uso da máquina. Só depois praticam o braille com a reglete. O motivo desse procedimento pedagógico é evitar a duplicidade de códigos – um de leitura e outro de escrita – e também pelo fato de a máquina exigir menos esforço e precisão que o uso da punção e da pauta, propiciando uma escrita mais rápida (Piñero; Quero; Díaz, 2003, p. 239).

Entretanto, em sua maioria, as escolas brasileiras iniciam o ensino do braille com a reglete em função do valor de uma máquina Perkins Brailler – antiga ou mais moderna –, que tem a compra reduzida a poucas escolas ou centros de reabilitação. A maior resistência ao uso da máquina, além do preço, é o peso desse aparelho (quando se trata das mais antigas).

Usando os mesmos princípios didáticos da antiga Perkins, temos no mercado a máquina de escrever *Smart Braille*, que, além de escrever, fornece retorno visual e de áudio juntamente com uma cópia impressa para que todos possam aprender braille em conjunto. É uma máquina mais moderna, com muitos recursos, cujo software orienta o usuário a compreender as funções da máquina.

Figura 3.9
Máquina Smart Braille

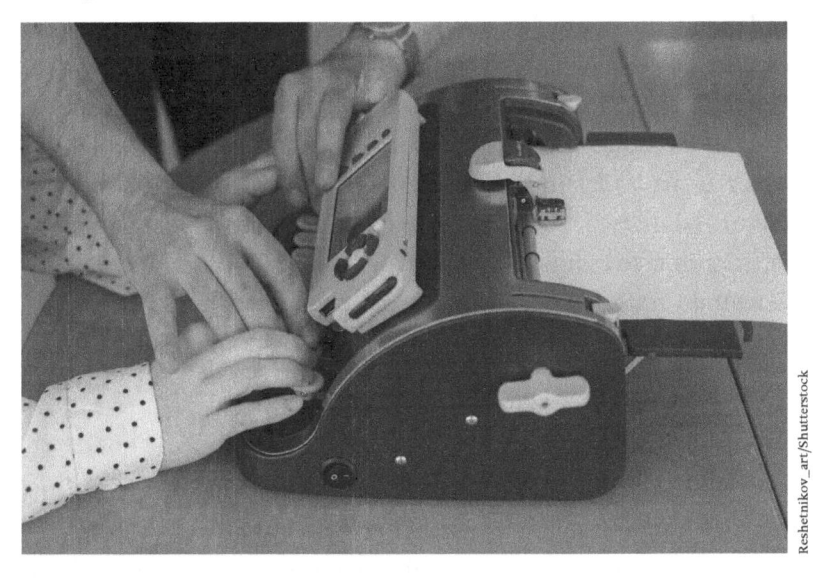

Também é muito usado, em comparação a outros métodos específicos para cegos, o sistema operacional Dosvox, bem como outros similares. Trata-se de *softwares* que se comunicam com o usuário através de síntese de voz. São os programas de computador mais usados entre as pessoas com deficiência visual. Esse tipo de programa é capaz de ler documentos ou imagens digitalizadas. Outra vantagem é que ele pode ser encontrado gratuitamente na internet.

Por tudo isso, o método e o material a serem usados para ensinar leitura e escrita para pessoas com deficiência visual também vão depender da disponibilidade de recursos da escola ou do aluno. Muitos materiais são fornecidos à escola pelo Ministério da Educação (MEC); outros, mais caros, são disponibilizados apenas quando a situação financeira da escola é compatível com os custos dos materiais.

Métodos de ensino aplicados na escola inclusiva

Independentemente de quando e como começamos o processo de ensino da escrita e leitura em braille, o método sintético é o que, geralmente, é utilizado nas escolas brasileiras. Dizemos sintético porque a criança cega elabora uma síntese das diferentes letras: elas são analisadas individualmente, uma por uma, até a compreensão final (Brasil, 2006). Nesse método, há uma correspondência entre o que se escuta e a grafia, ou seja, entre o oral e o escrito. O método sintético também pode ser classificado em:

- Alfabético = nome das letras
- Fônico = sons correspondentes às letras
- Silábico = sílabas

No MÉTODO ANALÍTICO, diferentemente do que ocorre no sintético, a aprendizagem da leitura parte do todo (palavra, frase ou texto) para depois se fazer o reconhecimento dos elementos gráficos (sílaba e letra).

Em resumo, o método sintético parte da unidade linguística para se chegar à totalidade da palavra. Juntam-se as letras e os sons em sílabas, em seguida, trabalha-se no ensino das palavras.

O método sintético é descartado pela escola espanhola*, sendo este apenas um exemplo de sua não aceitação (esse método não

---

* A Espanha foi usada como exemplo porque continua sendo referência na educação de pessoas cegas e baixa visão.

é unânime). O motivo do seu descarte é o fato de a informação tátil ser sequencial e, portanto, muito analítica (Piñero; Quero; Díaz, 2003, p. 239). As opções feitas individualmente pelas escolas não interferem diretamente no aprendizado do aluno com deficiência visual. O mais importante na aprendizagem, em relação a qualquer criança, é conhecer o aluno e identificar as maiores dificuldades que ele apresenta. Indiferentemente do método usado, sabemos que "decifrar o Sistema Braille é uma decodificação de natureza perceptivo-tátil e não garante, de forma alguma, aprendizagem conceitual e interpretação, necessárias ao processo de leitura" (Piñero; Quero; Díaz, 2003, p. 239). O que conta, portanto, é o investimento nas potencialidades do aluno.

Em lugar de evidenciar como e quando esses métodos serão adotados, o que importa no início da alfabetização de crianças cegas são a disposição e a criatividade do professor para atender às especificidades do grupo. Qualquer método pode ser usado, desde que se respeitem as necessidades de compreensão da natureza perceptivo-tátil e não visual adotada no ensino de crianças com deficiência visual. É necessário analisar alguns procedimentos pedagógicos para esse início de trabalho na alfabetização de crianças cegas:

- Evitar as linguagens ambíguas, sendo direto e claro na sua explicação.
- Saber se o aluno está maduro psicomotoramente para executar as tarefas organizadas.
  - » O aluno cego deve sentar-se próximo do professor para evitar os deslocamentos. Isso é apenas uma sugestão; é importante respeitar o desejo do aluno.
  - » Todas as atividades escolares devem ser compartilhadas com o aluno cego.
  - » O professor deve reconhecer se o aluno está motivado.

Tudo isso exige do professor um cuidado especial, pois, além disso, ele ainda precisa acompanhar os alunos videntes e ansiosos por muitas atividades dirigidas. No outro extremo, o aluno cego necessita de um tempo maior para a execução das suas tarefas, além de haver as dificuldades naturais do processo.

A velocidade de aprendizagem, em qualquer método, deve ser respeitada, sendo esse o maior desafio do professor da escola inclusiva.

Teoria sistêmica na escola inclusiva: uma teoria apropriada

Para que qualquer método de educação inclusiva seja eficiente e compatível com a realidade do aluno, sugerimos, dentro desse contexto escolar, que se adote a teoria sistêmica. Essa teoria foi proposta por Ludwig von Bertalanffy em meados de 1950 e trata da organização de fenômenos, concentrando-se na investigação de todos os princípios comuns a todas as entidades complexas. Muitas mudanças comportamentais ocorreram nessas últimas décadas, porém, para estudar e compreender esses fenômenos complexos da vida, principalmente no que diz respeito ao universo escolar, é preciso um esquema conceitual e metodológico que contemple as diversas áreas do conhecimento.

A teoria sistêmica, ou enfoque interdisciplinar, é uma teoria que consegue dialogar com os diversos saberes na escola inclusiva. Essa abordagem de redes, que não exige nenhuma hierarquia de saberes, enfrenta e tenta solucionar o fracionamento e a superespecialização do conhecimento. Talvez este seja o grande problema da escola do século XXI: um isolamento dos conhecimentos que dificulta a conversa dos objetivos propostos. A teoria de redes, segundo a teoria sistêmica, opta por oferecer conteúdos que estejam sempre com a mesma intenção de objetivos, independentemente da disciplina ofertada, o que também podemos chamar de *interdisciplinaridade*. Essa ação facilita "as conversas" entre as diversas disciplinas da escola inclusiva, auxiliando também no encaminhamento para novos conhecimentos. Além disso, a teoria de redes não impede que o aluno especial possa seguir ou iniciar novos aprendizados, não o obrigando a cumprir pré-requisitos para futuros conteúdos (Bertalanffy, 1973).

Para atender o aluno especial, a escola inclusiva precisa de algo mais do que apenas fornecer conteúdos, ou seja, necessita, além de transmitir conhecimentos, encaminhar propostas criativas e interessantes que diversifiquem as formas de aprendizagem. A única proposta que consegue atender a essa multidisciplinaridade é a teoria de sistemas. Os professores "inclusivos" precisam conhecer as crianças em sua totalidade, suas diferenças, seu ambiente, suas necessidades. Precisam saber da importância das interações e relações entre os sistemas que têm uma influência direta ou indireta na educação. Os atuais currículos, inflados de disciplinas e com conteúdos isolados da vida prática e profissional dos sujeitos, transmitem apenas saberes isolados da proposta ideal. Esse fato explica o interesse da teoria sistêmica para diversificar oportunidades e realizar a escola inclusiva.

Fazenda (1999, p. 17) aborda assim a interdisciplinaridade:

> *o que com isso queremos dizer é que o pensar interdisciplinar parte do princípio de que nenhuma forma de conhecimento é em si mesma racional. Tenta, pois, o diálogo com outras formas de conhecimento, deixando-se interpenetrar por elas. Aceita o conhecimento do senso comum como válido, pois é através do cotidiano que damos sentido às nossas vidas.*

O ensino inclusivo não pode permitir que o aluno cego/baixa visão com dificuldades de aprendizagem, como qualquer outro aluno, seja submetido à aprovação em algumas disciplinas como pré-requisitos para permitir sua evolução nas séries escolares. São paradigmas antigos que não podem mais interferir na escola inclusiva. Os alunos com necessidades especiais devem, sim, sujeitar-se à interdisciplinaridade para o reaproveitamento das suas limitações. Isso mostra que qualquer aluno não pode aprender por meio da análise, e sim dentro de um contexto maior. Isso se justifica, portanto, na escola inclusiva: a necessidade de compreender o aluno como um "todo", e não apenas pela deficiência.

Todos temos diferenças, limitações e virtudes intelectuais, esportivas, emocionais, entre outras. Nessa perspectiva, o sistema de redes, próprio da teoria sistêmica, consegue acolher todas essas diferenças e propor um encaminhamento para o aprendizado, respeitando as heterogeneidades. Por isso, o braille, o soroban e outras técnicas próprias da deficiência visual podem e devem fazer parte do ensino regular, sem causar espantos e segregações. É mais um caminho a ser adotado pelos educadores, e não algo estereotipado. Capra (2007, p. 97) afirma que

> *sistemas se organizam dentro de outros sistemas, como, por exemplo, a política educacional do Estado, relacionada com a organização pedagógica de uma escola específica, num bairro pobre de uma cidade, que por sua vez, interfere na prática docente do professor que lá reside. Cada ambiente provoca intervenções na realidade, que integram e interferem na "rede" de comportamento do todo.*

É bom que todos saibam:

1. as pessoas com deficiência não vivem num mundo à parte. Elas interagem com o meio e precisam se sentir integradas à sociedade, sendo a alfabetização a melhor ferramenta de inclusão.
2. A teoria sistêmica não é exclusividade da educação inclusiva/especial, podendo atender a qualquer sistema de ensino. É uma teoria que precisa ser adaptada à proposta desejada.
3. O currículo da escola inclusiva precisa ser "redesenhado"; adaptamos métodos, espaços e tempos para atender alunos com deficiência, mas não mexemos no principal, o currículo.

Vygotsky, diferenças e atraso psicomotor

Vygostsky (1993) entende que as fontes de compensação da cegueira se constituem na palavra, na apropriação dos significados sociais, no convívio social, e não no desenvolvimento do tato ou no refinamento da audição. A aceitação do atraso psicomotor nas crianças cegas de nascença é mais evidente nos dias atuais, pois hoje temos mais informações sobre isso do que anos atrás. Como diz Vygostsky (1997, p. 107), o convívio social é fundamental para a reabilitação dos cegos e das outras deficiências. Segundo ele, a necessidade de vencer e de superar obstáculos pode provocar um aumento de energia e de força nas pessoas com alguma deficiência. Por isso, também há a necessidade de implantar programas para a estimulação dessas crianças.

A prática de estimulação começa muito cedo, constituindo-se no que chamamos de *estimulação precoce* ou *essencial* (0 a 3 anos). Após isso, a criança continua seu convívio social na pré-escola para, mais tarde, estar pronta para frequentar uma escola regular. Qualquer atraso no desenvolvimento e crescimento de uma criança cega pode interferir na sua alfabetização. Por essa razão, é importante o interesse em acompanhá-la diretamente, sobretudo por meio de especialistas, para evitar essa defasagem quando da sua entrada na escola. A polêmica não está na capacitação dos professores para o ensino inclusivo. A principal questão da educação especial a ser analisada nessa perspectiva inclusiva é saber como a criança cega e/ou com outra deficiência inicia o processo de alfabetização, quais são as suas condições psicomotoras, afetivas e sociais. Aí se encontra o maior problema do professor da escola regular: não saber como (re)educar essa criança que tem sérias limitações. Precisamos pensar na origem das dificuldades de aprendizagem, e não na deficiência apresentada pela criança. Conhecer os melhores processos pedagógicos e métodos de ensino são obrigações de qualquer escola/professor.

A tabela a seguir mostra uma comparação entre crianças videntes e crianças cegas na evolução psicomotora. Nessa comparação, podemos perceber que, nos primeiros meses de vida, já existem diferenças de comportamento motor entre elas, o que comprova que desde muito cedo a criança cega apresenta uma evolução que não é a mais apropriada para a sua idade cronológica. Caso não ocorra nenhuma intervenção, os comprometimentos futuros são inevitáveis.

TABELA 3.1
COMPARAÇÃO ENTRE CRIANÇAS VIDENTES E CRIANÇAS CEGAS NA EVOLUÇÃO PSICOMOTORA

Evolução psicomotora	Crianças cegas	Crianças videntes
Sustenta-se sobre os antebraços na posição prona	9 meses	5 meses
Rola da posição ventral para dorsal	10-12 meses	7 meses
Senta sozinha	12-14 meses	8 meses
Anda alguns passos	24-30 meses	13 meses
Sobe escadas	36-42 meses	24 meses

Fonte: Pereira, 2004, p. 216, tradução nossa.

As comparações mostradas na Tabela 3.1 mostram claramente diferenças psicomotoras entre uma criança vidente e uma criança cega. Essas diferenças acontecem independentemente do convívio social: quanto mais afastada a criança estiver desse convívio, maior será o seu atraso motor. Esses atrasos são percebidos nitidamente quando a criança inicia o processo de alfabetização.

3.5
QUAL O MELHOR MÉTODO PARA SE ENSINAR O BRAILLE?*

Os métodos para ensinar crianças a utilizar o braille são escassos, não só no Brasil como também em outros países. Talvez o método ainda mais conhecido seja o *Basal Reader*, elaborado em língua inglesa. Nessa metodologia, existe o chamado *Patterns*, que continua sendo o mais conhecido dos métodos do *Basal Reader*. Ele ganha notoriedade porque apresenta uma proposta na análise linguística do braille. Vale lembrar que, nesse método, a forma de escrever em braille não é diferente da usada nos demais; o diferencial está na maneira como as palavras e o vocabulário são apresentados ao iniciante do braille. De acordo com a superação do aluno, a aprendizagem vai se tornando mais significativa, mais próxima de sua realidade.

Assim, nesse método, as palavras vão sendo apresentadas de acordo com as dificuldades observadas. Além disso, ele contém guias para o professor e critérios de avaliação. Em castelhano, o método *Tomillo*, descrito por Lucerga, citado por Rueda (1994), é o mais conhecido. Em seguida, apresentamos o resumo desse método. Se você quiser conhecê-lo melhor, aconselhamos que consulte a referência citada.

> *Método Tomillo*
> *Vejamos os critérios em que se baseia o método Tomillo:*
> *a) Em primeiro lugar, trata-se de um método fonético que apoia a apresentação de conteúdos significativos, ao mesmo tempo que respeita as peculiaridades da exploração tátil.*

---

* Informações baseadas em Rueda (1994).

b) *Além disso, apresentam-se os conteúdos significativos adequados à idade das crianças. Durante as primeiras etapas da aprendizagem do Braille, as palavras e frases apresentadas são curtas e trazem muito do conteúdo emocional da criança.*
Segundo Lucerga, as mensagens escritas devem ser as mesmas que a criança já apresentou oralmente, e com estruturas linguísticas familiares para a criança.
c) Empregam-se materiais atrativos que estimulem o desejo de ler, como volumes reduzidos e de fácil manuseio, representações em relevo de objetos familiares [...].
d) Na sequência da apresentação das letras braille, consideram-se as dificuldades específicas do sistema (reversibilidade, similaridade dos sinais, dificuldades próprias de percepção de cada grafema), as características fonéticas e ortográficas da língua e a ordenação utilizada no ensino da leitura em tinta para crianças videntes [...].
A sequência da apresentação dos grafemas no "Tomillo" é a seguinte: a, o, u, e, l, p, b, c (nos sons ca, co, cu) d, m, sinal de maiúscula, ponto, i, n, v, o, s, g (nos sons ga, go, gu), t, f, r, i, j, z, é, h, y, ch, ú, q, rr, r, sons gue, gui, ge, gi, ce, ci e sílabas duplas. (Rueda, 1994, p. 106-107, tradução nossa)

Qualquer ensinamento não depende apenas de um professor ou de uma disciplina isolada; todo o "sistema" da escola pode incentivar o uso do método escolhido. No caso do método fonético, como o exemplo do Tomillo, todas as palavras e sílabas repetidas e aprendidas devem fazer parte do novo contexto escolar do aluno cego. A compreensão das palavras na leitura em braille, quando todas as disciplinas abordam o mesmo conteúdo, torna-se, possivelmente, um atrativo a mais para o aluno.

Das aulas de artes às aulas de matemática, todas podem contribuir com a proposta escolhida. O aluno também precisa fazer a sua parte para que o aprendizado se torne o menos desgastante possível. Não existe, portanto, um método ideal; existe, sim, a necessidade de apresentar os materiais apropriados ao aluno e explicar o funcionamento de cada um deles. A partir daí, o professor será o grande responsável pelo método a ser seguido.

Os materiais podem ser desde os de tecnologias assistivas até materiais já consagrados na alfabetização dos cegos, como o braille, o soroban, a calculadora, lupas e telelupas. As tecnologias usadas na escola inclusiva para o atendimento dos cegos são as ferramentas que facilitam o aprendizado das pessoas com deficiência visual. Elas podem contribuir na velocidade da escrita, na facilitação da leitura e nas diversas formas de comunicação. Por isso, os métodos usados nesse processo são variados, dependendo muito do tipo de material usado e de como o aluno consegue se relacionar com ele.

A seguir, apresentamos algumas indicações de materiais de suporte que podem ser usados com os alunos com baixa visão ou cegos:

- textos com letras ampliadas;
- contrastes nas cores (vermelho e branco; branco e preto; azul e branco, entre outras);
- iluminação natural nas salas de aula ou iluminação adequada às dificuldades dos alunos;
- gravadores;
- lupa eletrônica;
- acetato amarelo, que auxilia na diminuição da incidência de claridade sobre o papel.

3.6
A ESCRITA CURSIVA

Independentemente da aprendizagem do braille, o aluno com deficiência visual precisa aprender a assinar seu nome à tinta. Respeitando-se a idade cronológica do aluno e a sua fase de aprendizagem, esse momento não pode ser renegado pela escola. Autonomia e independência são os dois fatores primordiais para que as pessoas cegas e com baixa visão sejam estimuladas e iniciadas na escrita cursiva. Com essa iniciação, elas se sentem menos excluídas e, além disso, podem treinar mais uma conduta psicomotora – coordenação fina, espacial, direção, entre outras.

Não há uma metodologia própria para a iniciação com cegos, sendo utilizadas as mesmas formas usadas com uma criança vidente. O que existe é que, em uma fase futura, deve-se cobrar do aluno a escrita cursiva nos materiais pré-estipulados, ou seja, a régua própria. São réguas vazadas, produzidas em acetato ou mesmo metal, em que o cego escreve em aberturas retangulares (Figura 3.10). Note que o material deve ser prático – fácil de manusear e carregar –, um instrumento que possa permitir ao usuário se comunicar.

FIGURA 3.10
RÉGUA PARA ESCRITA CURSIVA

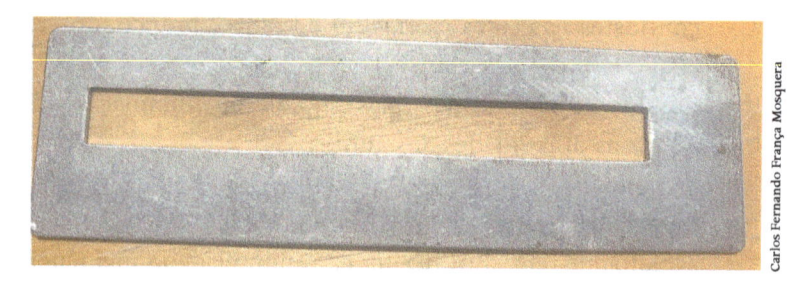

Carlos Fernando França Mosquera

Não se deve descartar também a possibilidade de iniciar o aprendizado com letras em relevo, fazendo uma analogia com o que o aluno mais vai aplicar. O uso de barbante também é um recurso importante para se compreender o que é uma escrita cursiva. A vantagem do barbante, do elástico e de materiais semelhantes é a possibilidade de conhecer tamanhos e formas diferentes.

Outros materiais para se fazer essa analogia são isopor, palitos de sorvete e de fósforo e origamis; é possível também desenvolver atividades envolvendo o próprio corpo e o do companheiro. Enfim, nessa fase, a criatividade é fundamental, mas não se deve ficar satisfeito apenas com a assinatura do próprio nome – outras palavras e intenções são imprescindíveis.

3.7
SOROBAN OU ÁBACO

Uma versão do ábaco antigo é mencionada por Ifrah (1989), no livro *Os números*, quando ele afirma que as tribos guerreiras de Madagascar realizavam as contagens dos soldados mortos com o uso de pedras, que eram depositadas em fossos. A cada dez pedras depositadas, outras dez eram colocadas no fosso seguinte e assim por diante. Com tal metodologia, muitas tribos antigas aprenderam a contar e a substituir. Segundo o mesmo autor, talvez aí tenhamos a origem dos nossos computadores.

O ábaco que hoje conhecemos teve sua origem há mais de 2.500 anos com o nome de *Suan-Pan*. O professor japonês Kambei Moori trouxe o aparelho da China no século XVII e, em 1662, publicou o livro *Embrião do soroban*. Por isso ele é considerado o "pai do soroban".

A palavra *ábaco* é de origem romana e deriva do grego *abax* ou *abakon*, que significa "superfície plana" ou "tábua". O uso dessa técnica remonta aos ensinamentos japoneses, pois as famílias, no Japão, eram as principais responsáveis pela educação de seus filhos. Adotou-se, então, o lema "ler, escrever e contar soroban", que surgiu da necessidade de mostrar a todas as famílias a importância de ler, escrever e contar para se tornar um cidadão digno.

Entre outras qualidades que justificam a necessidade de aprender o soroban, é possível afirmar que ele melhora a concentração e a memorização e, talvez pelo fato de suas peças diminutas serem manuseadas, exige maior foco de quem o utiliza. As informações se processam mais rapidamente e desenvolve-se o cálculo mental.

No Brasil, para o uso de cegos, o soroban foi adaptado em 1949 por Joaquim Lima de Moraes e ainda hoje é amplamente usado pelos cegos e até por muitos que enxergam (Brasil, 2006, p. 119).

Apenas como curiosidade, os nomes das partes que compõem um soroban, em japonês, são:

- *hari*: haste horizontal central que divide o aparelho em dois,
- *waku*: moldura do soroban,
- *keta*: as colunas verticais, por onde correm as contas.

O soroban é um material simples de se confeccionar; tem o for- mato de retângulo, com uma moldura de madeira ou qualquer outro material resistente, dividido por uma régua de numeração, que separa a parte superior da inferior. A régua é dividida em seis partes iguais, com pontos salientes de três em três hastes, que representam as unidades, as dezenas e as centenas de cada classe.

FIGURA 3.11
SOROBAN

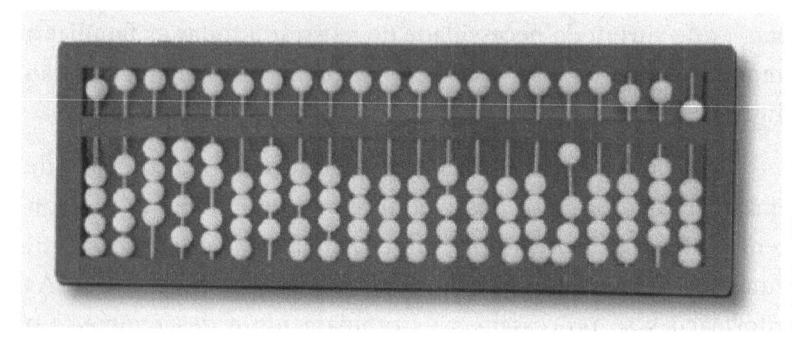

A parte inferior do soroban é composta por quatro pontos salientes em cada haste, sendo possível, assim, realizar quatro contas. Na parte superior, há apenas um ponto saliente, responsável por uma conta. Vejamos, a seguir, como usar o soroban.

Antes de começar, certifique-se de que todos os pontos em relevo estão afastados da régua central, que denominamos de *zero* (0). Confira se o soroban está na horizontal e se a parte superior é a que contém apenas uma peça acima da régua. Inicie a movimentação dos pontos em relevo da esquerda para a direita. Aproximando um ponto, temos o número um (1), ou seja, podemos ler na primeira haste, de baixo para cima (encostando na régua), até quatro.

Se, em seguida, baixarmos o relevo da parte superior, teremos o número nove (9). A lógica do processo é a seguinte: quatro unidades (abaixo da régua) mais cinco (régua acima) são iguais a nove. Se apenas a peça de cima ficar encostada na régua, teremos, então, o número cinco (5). O mesmo acontece para numerais de dois ou mais algarismos.

Para numerais de dois ou mais algarismos, usam-se quantos eixos (colunas) forem necessários, respeitando sempre a lógica da informação anterior. O número deve ser "escrito" a partir da ordem mais elevada. Para representar um número isolado no soroban, escreva a unidade à esquerda de um dos pontos em relevo.

No caso da leitura de um número no soroban, o processo mais indicado é o deslocamento do dedo indicador sobre a régua, a partir da direita, tentando-se encontrar a ordem mais elevada e contando-se os pontos separadores das classes. Assim, a leitura se processa pela ordem mais elevada.

FIGURA 3.12
SOROBAN CRIADO COM MATERIAIS RECICLADOS

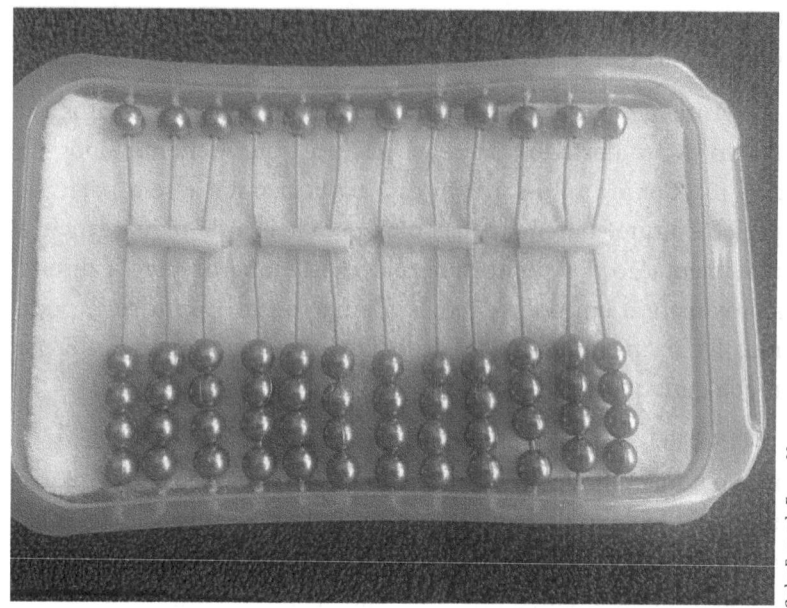

Carlos Fernando França Mosquera

Esse material foi criado para facilitar o acesso e o manuseio das técnicas do soroban, podendo utilizado por vários alunos. Nem todas as escolas podem comprar vários sorobans; dessa forma, com a construção do soroban "reciclado" (construído na própria escola, com materiais reciclados), alunos cegos, com baixa visão ou videntes podem aprender a usar o soroban. Observe que o material é feito com tampa de margarina, fios de luz, missangas e um pedaço de tapete. É fácil de confeccionar e muito produtivo.

Por que o soroban

A proposta do soroban é favorecer a iniciação dos números, da soma e de outros cálculos. Quando pensamos no adulto cego, supomos que essa fase já tenha sido atingida; portanto, o uso da informática pode muito bem atender a essa necessidade. Piaget, Vygotsky e outros pensadores já insistiam que, antes mesmo do aprendizado dos números, as crianças precisam estar "aprendendo livremente", ou seja, usando a imaginação nos seus relacionamentos e nos jogos simbólicos. Vygotsky chama essa fase de *zona de desenvolvimento proximal*, e Piaget, de *sensório-motora* (Moro, 2003). "Enquanto Piaget defende que a estruturação do organismo precede o desenvolvimento, para Vygotsky o próprio processo de aprender gera e promove o desenvolvimento das estruturas mentais superiores" (Rodrigues, 2007, p. 17-18). Enfim, como não é o objetivo deste livro discutir essas teorias, o importante é ressaltar que, mesmo longe da escola, as crianças também aprendem; quanto mais estímulos do meio houver, melhor será para o desenvolvimento da criança cega.

Assim, o meio ambiente em que a criança está inserida é fundamental para fases futuras. Com o recurso do próprio corpo, de materiais improvisados e de um meio ambiente saudável, a criança aprende o conceito de números. Vejamos alguns exemplos:

- É possível formar pequenos grupos, em função da aprendizagem dos números em sala de aula. A alteração no número de crianças em cada grupo, treinando-se subtração e adição, também é um exercício importante.
- O mesmo ainda pode ser feito unindo-se os pequenos grupos para, depois, dividi-los ou multiplicá-los.
- Também pode ser usado, para essa atividade, o número de cadeiras ou carteiras ou até a representação do próprio corpo dos alunos para a compreensão de como os números se configuram tridimensionalmente.
- A criança aprende, ainda, a classificar, seriar e ordenar pelos tamanhos das outras crianças (tocando), pelo comprimento do cabelo, pela largura dos ombros etc. Esse tipo de atividade é interessante para a criação do senso de sequência lógica, contagem e outras regras que serão usadas na escola, como número de portas na sala de aula, número de alunos na primeira fila, folhas de um caderno, entre outros.

3.8
OUTROS MÉTODOS PARA LEITURA E ESCRITA

Comunicar-se é da natureza do ser humano, e cada povo ou nação se utiliza de sistemas próprios para isso. Não existe uma forma ideal de comunicação, seja escrita, seja falada. Os surdos, por exemplo, comunicam-se por meio de gestos; os cegos escrevem em braille.

Depois do descobrimento do braille, os cegos iniciaram uma nova fase nas relações humanas. As posições e reflexões sobre o que estava acontecendo ao seu redor puderam ser escritas e contadas. Com os anos, novas tecnologias foram criadas para facilitar a leitura e a escrita: fitas cassetes usadas como "livros falados", computadores usados com sintetizadores de voz e impressoras com tradutores de braille à tinta ou da tinta para o braille. Atualmente também são usados os sistemas de ampliação de letras para os cegos, *scanners*, GPS, entre outros recursos.

Todos esses sistemas indicados para a leitura e a escrita estão em constantes modificações. À medida que as tecnologias vão surgindo, novas ferramentas são incrementadas para o uso destes. Por isso mesmo, não existe a ferramenta ideal, o que existem são processos diversos que colaboram com a comunicação das pessoas com deficiência visual. Essa, sim, é a maior preocupação. O braille é o método alfabetizador mais usado, pois é prático e tem um custo muito baixo. Isso explica por que esse método é utilizado em todo o mundo.

Mas, para que todo esse aprendizado seja possível, independentemente do recurso escolhido, os alunos cegos devem estar prontos, emocional e psicomotoramente, para acolher o método. Concluindo: não existe o método ideal, o essencial é motivar e ensinar as crianças cegas com o propósito de convencê-las da importância da leitura e da escrita com uma construção de significados e não apenas com uma mera decodificação de letras. Para tudo isso, a presença de professor é fundamental.

3.9
Escolarização e baixa visão

Pessoas com baixa visão podem ser definidas como aquelas que, mesmo depois de utilizar meios corretivos ou auxílios ópticos, ambientais e técnicos, continuam visualmente prejudicadas, mas para as quais é possível melhorar o funcionamento por meio desses auxílios e também de adaptações do meio ambiente ou do uso de técnicas (Corn, 1989). Um aluno com baixa visão, ou com anomalias no campo visual, só poderá aproveitar o resíduo da visão e os materiais oferecidos na escola se estiver motivado para a aprendizagem. Por isso, o ambiente escolar, o empenho da família, a ajuda dos colegas e o esforço do professor são importantíssimos para a sua aprendizagem escolar.

Segundo Brasil (2006, p. 16), baixa visão

> é a alteração da capacidade funcional da visão, decorrente de inúmeros fatores isolados ou associados, tais como: baixa acuidade visual significativa, redução importante do campo visual, alterações corticais e/ou de sensibilidade aos contrastes, que interferem ou que limitam o desempenho visual do indivíduo.
> A perda da função visual pode se dar em nível severo, moderado ou leve, podendo ser influenciada também por fatores ambientais inadequados.

A baixa visão também é um comprometimento que pode afetar diretamente o aprendizado das crianças que apresentam essa dificuldade visual. Muitas vezes, o diagnóstico não é realizado por não haver uma reclamação por parte da criança, sendo prioritário o encaminhamento a um especialista. Por isso mesmo é que a escola precisa cumprir sua função com ações preventivas, pois, quando isso é concretizado, evita-se o atraso escolar de muitas crianças que apresentam baixa visão e não têm consciência disso. Juntamente com a escola, a família é importantíssima nessa construção da "educação ideal". A precariedade de ações preventivas nas escolas brasileiras é uma constatação, e a baixa visão é uma constante na grande maioria delas. Assim, quando as famílias detectam o problema, o professor torna-se parceiro no processo de escolarização, ajudando a encontrar a melhor estratégia de ensino para o aluno. Quando a família não se apercebe da limitação visual, a escola é a alternativa mais apropriada.

Conforme a Sociedade Brasileira de Visão Subnormal, que utiliza dados da Organização Mundial da Saúde (OMS), 70% a 80% das crianças diagnosticadas como cegas têm alguma visão útil. Ainda, a prevalência da cegueira infantil em países em desenvolvimento é de 1,0 a 1,5/1.000 e a de baixa visão é três vezes maior. Dessa forma, vale lembrarmos que, antes do início do ano letivo, é necessária uma avaliação clínico-funcional com os alunos de baixa visão, a ser realizada por oftalmologistas e pedagogos. Sem esses procedimentos médicos, a escola não tem condições de atender o aluno com essa deficiência. Por isso, não devemos deixar de solicitar esse tipo de avaliação dos alunos com baixa visão.

O médico oftalmologista, especialista em visão, pode contribuir definitivamente com a melhora da visão do aluno que necessita de um acompanhamento especializado. As maiores contribuições de uma avaliação clínica são: diagnóstico e prognóstico; avaliação da acuidade visual para perto e longe; avaliação do campo visual; avaliação da sensibilidade aos contrastes e visão de cores; prescrição e orientação de recursos ópticos especiais. Esses resultados facilitam no prognóstico do aluno e, por isso mesmo, são importantes para orientar o professor nos novos procedimentos pedagógicos.

A avaliação funcional informa sobre os dados qualitativos de observação informal, que pode ser feita pelo próprio professor em sala de aula, por exemplo, por meio da observação do nível de desenvolvimento visual do aluno, do uso funcional da visão residual para atividades educacionais e da vida diária, da OM, da sua necessidade de adaptação à luz, aos contrastes e aos recursos ópticos, não ópticos e a equipamentos de tecnologia avançada.

Tanto a avaliação clínica como a avaliação funcional, no caso do diagnóstico da visão, são necessárias para estabelecer as condições em que a visão do avaliado se encontra. Os resultados esperados podem contribuir para o melhor encaminhamento e facilitar o tratamento, se este for necessário. Todas essas avaliações ocorrem em situações de extrema dificuldade visual e nelas se percebem precocemente as limitações visuais do aluno e quando a escola está preparada para a realização das atividades preventivas. Quanto mais comprometida a escola estiver, melhores serão os resultados. Vale repetirmos aqui o que já foi escrito, para não gerar dúvidas acerca do processo da educação especial, que é a principal proposta deste livro. As questões clínicas/médicas aqui comentadas não são impeditivas dos processos pedagógicos e do próprio currículo da escola. Oprocessor é soberano nos seus planejamentos, independentemente dos cuidados médicos. Mas, quando outros atores colaboram com a escola, a parceria torna-se fundamental. Isso é muito diferente do que acontecia tempos atrás, quando o modelo clínico/médico ordenava os encaminhamentos da escola regular.

De acordo com Bruno e Mota (2001, p. 17), "é importante ressaltar que a avaliação funcional da visão pode ser a única fonte de informação em crianças pré-verbais ou em crianças com deficiências associadas, ou seja, que apresentam comprometimento intelectual, físico ou sensorial". Por isso, há a necessidade dessa avaliação antes do início das aulas.

Para os casos de baixa visão – quando o aluno apresenta um resíduo de visão –, certamente o médico vai orientar a família ou mesmo a escola, informando qual é a porcentagem de visão que deve ser aproveitada. Os recursos necessários à utilização da tecnologia para pessoas com deficiência visual também pode ser uma opção para os alunos cegos. Os materiais mais conhecidos são: sistema de ampliação de caracteres, impressora à tinta, impressora braille, sintetizador de voz, entre outros. Outros materiais conhecidos e de custo mais baixo são as lupas, as telelupas, os óculos monofocais e bifocais, os sistemas telemicroscópicos e os computadores. Independentemente do material a ser usado, os alunos com baixa visão necessitam sentar-se em lugares especiais – próximos ao quadro, em lugares mais claros, com menos barulho – para se concentrarem melhor. Todos os cuidados são imprescindíveis para esse primeiro contato. Mais adiante você conhecerá um pouco mais sobre a natureza desses materiais.

3.10
Sintomas e sinais mais comuns de alterações visuais

Entre os sintomas mais comuns de alterações visuais, é possível destacar tonturas, náuseas, dores de cabeça constantes, visão embaçada e irritabilidade diante de excesso de luz. Também é comum observarmos que esses alunos apertam e esfregam os olhos constantemente, têm os olhos avermelhados, reclamam de visão dupla, além de estarem sempre franzindo a testa; caem com facilidade, têm a marcha desequilibrada e ainda apresentam dificuldade para a leitura e a escrita. Os pequenos detalhes que, muitas vezes, são desprezados pela escola e que são manifestações constantes de muitos alunos devem fazer parte das observações iniciais de qualquer professor da escola inclusiva. Os sinais das dificuldades visuais podem ser observados em qualquer situação escolar, basta o professor estar consciente dessa necessidade e observar o aluno como um indivíduo que está buscando os melhores meios para se relacionar com o grupo de trabalho: colegas, professores e funcionários da escola. As adequações curriculares são necessárias para atender a essas limitações.

A seguir, apresentamos possíveis adaptações de materiais, a fim de colaborar com o aprendizado do aluno com deficiência visual:

- AMPLIAÇÃO: o mais comum é o aluno com baixa visão aproximar o material dos olhos. É um processo natural; resta saber o quanto esse procedimento colabora com o aprendizado. Muitas vezes será necessário ampliar as letras do texto a ser apreciado. Para isso, são utilizadas, principalmente, as fontes dos programas de computador, cujo tamanho da letra dependerá das limitações do aluno. O uso da ampliação por meio de cópias também pode ser uma alternativa interessante.
- ILUMINAÇÃO: os ambientes escolares mais bem iluminados são os indicados para um melhor aproveitamento escolar. Essa adaptação não é voltada somente para os alunos com baixa visão, mas para o coletivo.
- CONTRASTE: o quadro-negro ou a lousa deve fazer contraste com o giz branco ou amarelo para facilitar a leitura dos alunos com baixa visão. As mesmas adaptações devem ser feitas com os materiais de uso diário: caderno, lápis ou caneta, cartolinas e outros. O próprio aluno vai saber quais são os melhores contrastes.
- TAMANHO: muitos materiais pedagógicos para alunos com baixa visão exigem que o tamanho seja modificado para uma melhor utilização. Na maioria das vezes, o tamanho precisa ser aumentado.

As avaliações visuais, sejam clínicas, sejam funcionais, são importantes para colaborar com o processo de ensino-aprendizagem. No caso da avaliação do funcionamento da visão, importa ao professor a forma como o aluno utiliza a visão residual. Sem essa avaliação, dificilmente o professor poderá estabelecer as estratégias de ensino. Cabe ressaltarmos que muitas informações, nessa avaliação, são procedentes da família ou mesmo de outros profissionais que acompanham o aluno que apresenta limitações visuais. Todos os sinais que o professor percebe nos contatos com o aluno devem ser anotados em uma ficha própria: olhos avermelhados, pálpebras caídas, lacrimejamento constante, falta de atenção, entre outros, comentados anteriormente. Todas essas informações compõem uma anamnese do aluno avaliado, mesmo que esta seja informal. As informações coletadas pela escola sobre o aluno com baixa visão podem contribuir com a avaliação do oftalmologista, quando a consulta for realizada. Perceba que nesse novo modelo – que não é tão novo assim – o professor encaminha o aluno ao médico e já informa o que este enxerga ou não. Em outros momentos, era o médico que orientava o professor.

3.11
ADAPTAÇÃO DE RECURSOS ÓPTICOS

Classificamos como recursos ópticos quaisquer produtos ou materiais que possam aumentar ou ampliar imagens (Montilha et al., 2006). As crianças com visão reduzida, que conseguem aproveitar as imagens aumentadas, podem muito bem focalizar e corrigir os erros de refração. Normalmente se usam lentes de aumento para visão de perto ou de longe. Os recursos mais conhecidos são os óculos bifocais ou monofocais, lupas, lentes microscópicas, telelupas (que também podem ser acopladas aos óculos e servem como ajuda para enxergar longe), sintetizadores de voz (reproduzem o que está escrito no monitor do computador), calculadoras que "falam" e impressões aumentadas geradas por um *software* próprio.

Corn, citado por Baumel e Castro (2003, p. 96), afirma que "há fatores que afetam a escolha dos meios materiais, recursos e/ou dispositivos que venham suprir as dificuldades impostas pela deficiência na consecução de atividades". Esses fatores são, entre outros, a situação clínica, referente ao diagnóstico e ao prognóstico da visão, fator denominado "primário para a determinação dos materiais e recursos a serem utilizados" (Baumel; Castro, 2003, p. 96); o potencial de força ou vigor que, na situação de baixa visão, é evidente e persiste ou esmaece ante a realização de tarefas cotidianas e/ou escolares; a autopercepção ou autodefesa do indivíduo com deficiência visual, que implica o modo de se "defender", apresentando determinado quadro de consciência diante das atividades e da própria deficiência, a qual determina as restrições e as possibilidades de seu desempenho.

Sugestões para professores que trabalham com alunos com baixa visão

Os docentes que trabalham em contato com crianças que apresentam baixa visão devem observar as sugestões que apresentamos a seguir:
- Lembre-se de que a velocidade de aprendizagem é menor, mas nem por isso o conteúdo programático pode ser esquecido.
- Se o aluno ainda não usar nenhum material aumentativo, faça com que seus pais conheçam os produtos disponíveis no mercado. A própria secretaria de educação do seu município pode auxiliar na busca do material mais apropriado.
- Faça o aluno sentar-se o mais próximo possível do quadro.

- Evite usar linguagens ambíguas. Seja claro e direto.
- Saiba o nome do aluno e chame-o sempre que for necessário, evitando as expressões corporais e o "apontar".
- Não o superproteja, evite os excessos.
- Os materiais de apoio devem ser apropriados para as tarefas desejadas; sempre que necessário, evite os materiais muito claros ou muito escuros. O mesmo se aconselha para objetos muito pequenos.
- Se o aluno precisar usar bengala para maior segurança, incentive-o. Muitas vezes, a visão residual é pouca para informá-lo do real entorno. O professor é um dos maiores responsáveis pela orientação do aluno sobre a importância do uso dessa ferramenta, pois o preconceito contra ela está presente em qualquer idade.
- A prática de atividades físicas bem orientadas é fundamental para um bom desenvolvimento e crescimento do aluno.
- As atividades em grupo devem ser estimuladas. Assim, todos aprendem com as diversidades.
- Não seja intolerante com algumas decisões dos alunos com deficiência visual. É conveniente sempre a conversa para os "ajustes". Você é o adulto da relação e deve lembrar-se da lógica da escola: muitas coisas são resolvidas improvisadamente. Você é o responsável pelos ordenamentos.
- Se possível, use recursos visuais destacados: negro sobre branco, branco sobre negro, amarelo sobre negro, branco sobre azul, branco sobre vermelho, azul sobre branco, amarelo sobre verde.
- Utilizamos a visão de forma involuntária, ao contrário do que se ocorre com o tato, que requer a vontade do sujeito para utilizá-lo. O som também é captado como a visão, ou seja, a criança ouve tudo de forma involuntária. Por isso, as informações auditivas acabam sendo parciais, principalmente quando há muitos sons diferentes ao mesmo tempo. Muitas vezes, esses sons chegam distorcidos e a

interpretação é confusa. Já para o tato, quanto mais informações e detalhes, mais precisa é a interpretação. Use esses sensores para ajudar as crianças a se orientarem no que estão fazendo.

Existem também outras técnicas que podem ajudar o professor na confecção de materiais para alunos com visão subnormal, aplicados na escola regular. As seguintes técnicas ajudam a transformar traços em relevo (Reily, 2006):

- Desenho em giz de cera sobre a própria figura, tendo como base uma prancha de aglomerado de madeira na qual se tenha colado uma tela de náilon; isso resulta em traços leves que podem ser sentidos pelo cego.
- Pintura linear com tinta puff, que, quando aquecida (com secador de cabelo, por exemplo), cria volume sobre o traço.
- Bolinhas de plastilina (massinhas) para fazer pontos de referência sobre a mesa do aluno.
- Manipulação das formas essenciais das figuras recortadas em EVA (material emborrachado) ou em papelão.
- Marcas com *thermo-pen*, um instrumento aquecido que, aplicado ao *flexi-paper*, produz relevo.
- Pintura com tintas texturadas em graus que vão de fino a grosso, variando entre as arenosas, as aveludadas e as craquelentas.
- Colagem de cordonê ou barbante sobre o contorno da figura.
- Linhas produzidas em *thermo-form*, para transformar gráficos e figuras em relevo (esse procedimento exige acesso ao equipamento especializado).
- Reproduções pela técnica clássica de pontilhado linear.

Todos os materiais adaptados para o uso dos alunos cegos ou com baixa visão, bem como a utilização tiflotécnica, são uma realidade em qualquer escola. Só por meio desses recursos os alunos poderão alcançar a sua independência, que começa na escola inclusiva. O cumprimento das tarefas escolares e as exigências nas avaliações só podem ser acompanhados com o uso desses materiais. Por isso, a escola inclusiva precisa se capacitar para a utilização desses recursos.

Princípios de OM e técnicas utilizadas na educação e reabilitação das pessoas com deficiência visual exigem muito mais que um professor especializado. É preciso contemplar essas necessidades no currículo da escola, modificar os objetivos, comprometer-se com as ações da escola inclusiva. A prática pedagógica do professor, associada a um currículo sem conflitos, deve estar respaldada por materiais apropriados e especializados. A escola inclusiva precisa estar consciente das heterogeneidades, amparada por uma política pública preocupada com mudanças reais.

Para contemplar as necessidades da pessoa com deficiência visual, não bastam a compra de recursos ópticos e o simples encaminhamento a um oftalmologista. É preciso muito mais: saber lidar com os recursos especializados, reconhecer a situação oftalmológica do aluno depois do diagnóstico, realizar uma capacitação para o emprego de novos recursos, propor as modificações de currículo. A escola inclusiva deve assumir essas decisões, caso contrário, continuará sendo conteudista.

Outro conceito que pode ajudar dentro da escola inclusiva, desconhecida de muitos, inclusive dos médicos, é o da síndrome de Irlen-Meares, que interfere diretamente na educação de crianças e jovens.

Síndrome de Irlen-Meares (SIM)

Em números, a SIM atinge de 12% a 14% da população mundial, sendo que uma grande porcentagem dessas pessoas não conhece o diagnóstico.

A SIM é uma alteração visuoperceptual, ou seja, há um desequilíbrio na adaptação à luz. Esse desequilíbrio refere-se ao córtex visual, área do cérebro que decodifica os sinais nervosos.

Essa área está localizada na parte posterior do cérebro. É na escola que esses sinais mais aparecem, pois o uso da visão para ler e escrever é enorme e, assim, os sintomas são mais fáceis de detectar. Adaptação ao contraste e figura-fundo são situações escolares que interferem na visão das pessoas com SIM. Dores de cabeça, dificuldades em focar na leitura ou na tela do computador podem ser sinais importantes.

Depois que a visão for testada por um médico e persistindo os sintomas, deve-se usar um fundo de outra cor que não seja o branco no papel ou livro que o aluno está usando. Se isso bastar para amenizar o sofrimento para a fixação da leitura no papel, pode ser que o caso seja a SIM.

Síntese

Este capítulo teve como objetivo informar a importância do braille e do soroban na alfabetização de crianças cegas e/ou com baixa visão. Vimos que não existe um método específico, sendo necessário saber, para facilitar a aprendizagem, quais as limitações psicomotoras, emocionais e sociais do aluno com deficiência visual. Com isso, é possível optar pelo método mais apropriado. Assim, não existe um pré-requisito determinado para o ensino de cegos, pois o fundamental para uma escola inclusiva é a interdisciplinaridade, a horizontalidade do aprendizado. Destacamos, dessa maneira, a importância da escola no convívio social dos cegos, talvez como a melhor "compensação" para evitar os atrasos inerentes à falta da visão, em uma proposta pautada nos ensinamentos de Vigotsky.

Indicações culturais

Livro

MANTOAN, M. T. E. Caminhos pedagógicos da inclusão: como estamos implementando a educação (de qualidade) para todos nas escolas brasileiras. São Paulo: Memnon, 2001.

Esse livro retrata a prática de educadores que acreditam que a educação de qualidade para todos é uma possibilidade que transcende a teoria.

Artigo

ALISSON, E. Novo instrumento reduz tempo de aprendizado de braille. Agência Fapesp, 10 maio 2013. Disponível em: <https://agencia.fapesp.br/novo-instrumento-reduz-tempo-de-aprendizado-de-braille/17250/>. Acesso em: 11 set. 2023.

Como vimos, a reglete positiva foi desenvolvida por uma bióloga e doutora em Educação, nos anos 2012. A reglete original foi pensada para escrever em baixo relevo, ou seja, "empurra-se" o papel, escrevendo-se da direita para a esquerda. Assim, é preciso virar o papel para ler em alto relevo, da esquerda para a direita. A reglete positiva é pensada e fabricada para escrever da esquerda para a direita, com a diferença de que, em vez de "empurrar" o papel, este é tragado. Isso é possível porque a punção (o material que empurra o papel) é fabricada pensando-se no movimento contrário, de forma côncava, para fazer o papel subir. Conhecer esse novo material é um jeito de ficar atualizado.

Sites

ONCB – Organização Nacional de Cegos do Brasil. Disponível em: <https://www.oncb.org.br/>. Acesso em: 11 set. 2023.

Criada em 2008, a ONCB é a única instituição da sociedade civil em âmbito nacional que representa, de forma direta, cerca de 90 entidades das cinco regiões do país e aproximadamente 7 milhões de pessoas cegas e com baixa visão. Acesse o *site* e conheça um pouco mais das ações dessa organização.

SOROBAN BRASIL. Disponível em: <http://www.sorobanbrasil.com.br>. Acesso em: 11 set. 2023.

Nesse site, você pode conhecer desde a história do soroban até as formas de confeccionar um exemplar desse material. Além disso, as imagens disponíveis no site são muito didáticas, sendo indicado para as pessoas interessadas em se aprofundar nos conhecimentos acerca desse método.

BENGALA LEGAL. Disponível em: <http://www.bengalalegal.com/index.html>. Acesso em: 11 set. 2023.

O *site* tem como conteúdo principal artigos sobre acessibilidade, inclusão social, desenho universal e políticas públicas que regem as discussões sobre pessoas com deficiência, sendo uma referência no assunto.

ATIVIDADES DE AUTOAVALIAÇÃO

1. Assinale a alternativa que representa o número de pontos dentro de uma cela braille:
   a) 6 pontos.
   b) 9 pontos.
   c) 5 áreas para furar.
   d) 2 pontos.

2. A combinação dos pontos 1, 2, 3, 4, 5 corresponde a qual letra do alfabeto braille?
   a) R.
   b) D.
   c) U.
   d) Q.

3. Os construtivistas consideram desnecessários exercícios prévios, que preparam o educando para ingressar no processo de alfabetização propriamente dito, porque não acreditam na chamada *prontidão para a alfabetização*. Na educação de pessoas com deficiência visual, qual é a teoria que contraria o construtivismo?
   a) Escrita cursiva.
   b) Teoria sistêmica.
   c) Método *Tomillo*.
   d) Teoria linear.

4. Com relação ao soroban, marque com V as afirmativas verdadeiras e com F as falsas:
   ( ) Melhora a concentração e a memória do aluno.
   ( ) Favorece o cálculo mental.
   ( ) Não é possível fazer contas de multiplicação.
   ( ) Pode ser usado também por pessoas videntes.

   Agora, assinale a alternativa que apresenta a sequência correta:
   a) V, V, V, F.
   b) V, F, F, V.
   c) V, V, F, V.
   d) V, V, V, V.

5. Alguns teóricos comparam a evolução psicomotora das crianças cegas com a das crianças videntes. Nas fases que vão até os 12 meses, é correto afirmar sobre a criança cega:
   a) Entre os 10-12 meses, as crianças cegas rolam da posição ventral para a dorsal.
   b) Aos 8 meses, a criança cega se senta sozinha.
   c) Aos 10 meses, a criança cega anda alguns passos.
   d) Aos 12 meses, a criança cega tem o mesmo desenvolvimento psicomotor que a criança vidente.

Atividades de aprendizagem

Questões para reflexão

1. Qual é sua opinião sobre a preparação para a alfabetização? Que método que você adotaria? Você acha sensato e correto iniciar a alfabetização de crianças cegas pelo sistema braille? Tal reflexão se aplica a todo o ensino, a fim de ajudar a escola a se preparar melhor para a inclusão. Discuta com seus colegas de trabalho o que eles pensam sobre o tema.

2. Considerando seus conhecimentos sobre deficiência visual na escola inclusiva, selecione alguns exercícios que são utilizados com crianças videntes nas aulas de arte, música e educação física e reflita se eles também podem ser aplicados às crianças cegas. Compartilhe sua experiência com outros professores e saiba o porquê de esses exercícios ainda não terem sido aplicados com todos os alunos com necessidades especiais da escola.

Atividades aplicadas: prática

1. Procure obter mais informações sobre as principais formas de se iniciar o ensino do braille e identifique as alternativas que a sua escola tem para adquirir, gratuitamente, os *kits* com os materiais pedagógicos para o início da alfabetização de crianças cegas.

2. Feche os olhos ou use uma venda e escreva seu nome usando uma régua comum para escrita cursiva. Veja o que precisa ser reparado. Também é possível usar papelão para confeccionar uma régua vazada.

Preste atenção!

Este exercício também pode ser realizado com todas as crianças da escola; assim, você estará oferecendo uma nova opção de escrita e de comunicação.

3. Pratique a escrita de números em braille:
   a) Escreva a data de hoje.
   b) Escreva o ano em que você nasceu.
   c) Escreva o número de alunos da sua sala de aula.

4. Vamos fazer um exercício para praticar o que estamos estudando: desenhe uma cela braille pequena, separando os seis pontos. Separe o nosso alfabeto em três séries. A primeira série será representada da letra A até a J. Para a segunda série, aponte as letras de K até T e, para a terceira série, pratique as letras de U em diante.

Conseguiu fazer? Muito bem, vamos ao outro exercício: escreva seu nome em braille, apenas preenchendo os espaços de cada cela; use apenas papel e caneta. Preencha seu nome usando o alfabeto braille como referência. Infelizmente, não podemos corrigir o que foi escrito, por isso, preste muita atenção. Para não ficar muito simples, vá treinando o símbolo da letra maiúscula, que antecede os sinais ou combinações do que você quer escrever. Use os números 4 e 6 para letras maiúsculas, antes das minúsculas, quando for o caso. Entendeu? Recordando: se a primeira letra que você quer escrever for maiúscula, use os pontos 4 e 6; caso contrário, é só combinar os números de acordo com o alfabeto.

Exemplo: Fernando (124-14-1235-1345-1-1345-145-135).

4

Princípios de orientação e mobilidade (OM) e currículo:
desafios para uma escola inclusiva

A temática referente à orientação e mobilidade (OM) deve fazer parte do currículo escolar? Deve ser ensinada e treinada em locais diferentes da escola? Quem pode ensinar o aluno a aprender as técnicas? Todas essas dúvidas são correntes em nosso país porque ainda não está muito clara a função do profissional da escola inclusiva (EI) ou do técnico em OM.

As discussões não acabam por aqui. Se a escola inclusiva pretende atender a todos os alunos matriculados, independentemente das diferenças, como e quando o aluno cego será atendido em uma disciplina fundamental para sua independência? A flexibilização curricular já está atendendo a essa necessidade? Enfim, muito ainda precisa ser repensado para assumirmos e implementarmos definitivamente a escola inclusiva.

Nessa mudança de paradigma, se assim podemos considerar, com a fase de estruturação e a capacitação dos professores, outras necessidades precisam ser contempladas, como a compra de materiais e o investimento em treinamento para a aplicação dos novos recursos, que incluem o uso de materiais ópticos e programas de computador próprios para pessoas com deficiência visual, regletes, sorobans, bengalas, jogos adaptados, bolas com guizos etc.

Os objetivos da escola inclusiva já estão traçados. É o caminho de uma educação plural e democrática, sedimentada em princípios da igualdade de aprendizagem e de oportunidades. Discutir os assuntos abordados a seguir certamente pode colaborar para essa investida.

4.1
Visão e locomoção

Desde os primórdios, o homem se locomove livremente, quando possível, sempre bem orientado. Somos dotados de aparelhos fisiológicos que controlam nossos movimentos corporais. A visão é um dos recursos que usamos para isso, pois ela nos orienta para um perfeito deslocamento em espaços diversos. Quando não usamos a visão ou não enxergamos, utilizamos adaptações para compensar a falta desse sentido. Por tudo isso, hoje conhecemos um pouco mais dessa natureza do homem, o qual, mesmo sem usar a visão, precisa se deslocar e perceber o mundo do seu modo. Essa diferença é suficiente para pensarmos em uma interdependência, que exige a participação de toda a sociedade, principalmente da escola. A escola inclusiva precisa estar pronta para atender também a esses indivíduos, que, de alguma forma especial, estão usando seus próprios mecanismos fisiológicos e emocionais para uma nova adaptação. Uma mudança no currículo escolar é o primeiro passo para a transformação que todos defendemos.

Orientação e mobilidade (OM)

Antes de pensarmos em qualquer atividade específica a ser aplicada na escola regular ou em qualquer outro centro especializado, é necessário considerarmos que a mobilidade independente do cego – aquela que oferece a independência total – é o objetivo de qualquer trabalho de reabilitação com crianças ou adultos. Por isso, as técnicas de OM devem começar logo após o nascimento, desde que a cegueira seja diagnosticada precocemente. Como diz Ajuriaguerra, citado por Leonhardt (1992, p. 21, tradução nossa), "A atividade corporal permite à criança entrar em relação com o seu entorno, e o estado tônico é um modo de relação com a criança normal; a hipertonia pode ser um sinal de alerta e a hipotonia pode se traduzir em satisfação". A preocupação dos especialistas recai sempre na precocidade do processo de reabilitação. Os atrasos psicomotores podem ser diminuídos quando as crianças cegas são atendidas no tempo certo, isto é, o mais cedo possível.

Os atrasos motores e psicomotores apresentados por crianças cegas foram alvo dos estudos de Leonhardt (1992), cujo resultado foi a divulgação da *Escala de desarrollo de niños ciegos de 0 a 2 años*, que norteou muitos dos conhecimentos sobre o desenvolvimento dessas crianças. Esse estudo mostrou que os atrasos são mais acentuados quando as crianças são pouco estimuladas na primeira infância. Todos esses atrasos motores observados em crianças cegas se apresentam como as maiores dificuldades que os especialistas enfrentam ao organizar um trabalho de OM com jovens e adultos cegos. São dificuldades como, por exemplo, a do reconhecimento corporal para iniciar atividades com bengala, que impedem um bom aprendizado. Por essa razão, muitos dos iniciantes em OM desistem antes de terminarem o curso de aprendizagem.

"A orientação é definida como o processo cognitivo que permite estabelecer e atualizar a posição que se ocupa no espaço por meio da informação sensorial, enquanto a mobilidade, em sentido amplo, é a capacidade de deslocar-se de um lugar para outro" (Coín; Enríquez, 2003, p. 249). É bom lembrarmos que, acima de qualquer planejamento, todo indivíduo necessita da liberdade de ir e vir, razão pela qual o planejamento de qualquer cidade igualmente faz parte do planejamento das técnicas de OM. Tais técnicas também atendem as pessoas com baixa visão, não só os cegos totais. Autonomia e autoconfiança na integração social formam os pilares que sustentam a OM, tão importantes para as pessoas com deficiência visual. Muitos são os objetivos para o uso da bengala nos deslocamentos em ambientes abertos e fechados. Quando o indivíduo cego ou com baixa visão domina as diversas técnicas de uso da bengala, há uma grande possibilidade de que os deslocamentos se façam com grande desenvoltura e segurança.

Alguns objetivos do uso da bengala longa são: utilizar corretamente a bengala, que não deixa de ser uma extensão do corpo do seu usuário; aplicar as técnicas da bengala para uma maior segurança; usá-la de acordo com a necessidade do ambiente, seja coordenando-a com os passos, seja deslizando, entre outras formas de locomoção; usá-la para reconhecer obstáculos; deslocar-se em ambientes abertos e fechados e para o reconhecimento de ambientes internos; utilizá-la também para a entrada e saída de veículos, a subida e descida de escadas, através de passagens estreitas, por exemplo.

Uso de técnicas de OM com um guia vidente

O guia vidente é qualquer indivíduo que se dispõe a auxiliar uma pessoa com deficiência visual durante um trajeto em ambientes abertos ou fechados. Quando a ajuda for aceita, o guia deve oferecer o braço, encostando-o no corpo do solicitante, para que ele o segure acima do cotovelo.

A pessoa que está sendo guiada deve manter-se um pouco atrás do guia, para evitar o choque com obstáculos. É importante lembrar que orientações verbais também são importantes para um deslocamento seguro.

Em alguns casos de deslocamento, principalmente quando o cego se sente inseguro em virtude da inexperiência do guia, ou mesmo quando for solicitado, as proteções superiores e inferiores devem ser praticadas. A mão livre, no caso da proteção superior, deve estar próxima ao rosto, com o dorso direcionado para fora e o braço semiflexionado. Na proteção inferior, a mão livre também deve estar próxima à linha do quadril, protegendo os membros inferiores. A pessoa com deficiência visual deve ser encorajada a perguntar sempre sobre o percurso realizado – onde está, se há alguma possibilidade de bater a cabeça ou se precisa de proteção, por exemplo.

Outras técnicas utilizadas com o guia vidente são necessárias em ocasiões pontuais, como as chamadas *passagens estreitas* e *troca de lado*. No primeiro caso, quando o percurso não permite o deslocamento de mais de uma pessoa ao mesmo tempo, a pessoa com deficiência visual deve se posicionar atrás do guia, mantendo uma das mãos acima do cotovelo e a outra no ombro do guia. Isso se faz necessário para certificar-se do alinhamento corporal. A troca de lado é usada quando, durante o trajeto ou mesmo parado, o cego necessita segurar o outro braço do guia. Em muitos dos deslocamentos a dois, esses procedimentos são necessários, principalmente quando o movimento de pedestres é grande. Outra preocupação são os deslocamentos em escadas: tanto para subir como para descer, a pessoa com deficiência visual deve manter-se um degrau atrás. Se for necessário, as orientações verbais devem ser constantes. Lembre-se de que descer escadas sempre é mais difícil, pois a insegurança do movimento pode provocar desde um simples mal-estar até uma queda.

Durante os trajetos longos, o guia pode dar informações sobre o mapa do entorno: quais são as principais referências do local em que se encontram e quais são os locais que podem ser referências para os próximos deslocamentos. Portanto, não há nenhum mistério em servir de guia a uma pessoa com deficiência visual – o mais importante é querer ajudá-la. O restante acontece sozinho, principalmente quando existe comunicação verbal.

Uso de técnicas de OM sem um guia vidente

As técnicas chamadas *proteções superiores* e *proteções inferiores* (Figura 4.1) são amplamente empregadas quando a pessoa cega está sozinha e se sente desprotegida. Podem ser usadas tanto em ambientes fechados quanto em ambientes abertos.

Figura 4.1
Proteções superiores e inferiores

Evandro Marenda

Nas proteções superiores, uma das mãos, normalmente a dominante, projeta-se à frente do rosto, separado pela distância de uma mão aberta. Nesse momento, o braço que está protegendo o rosto encontra-se flexionado na frente do rosto. Essa posição protege o rosto das pessoas que utilizam essa técnica.

No caso das proteções inferiores, a outra mão, quando as duas técnicas são empregadas simultaneamente, ou qualquer uma das mãos, quando a técnica é usada individualmente, projeta-se para o centro do corpo, na linha do umbigo. O braço se mantém semiflexionado e a mão afastada cerca de 20 cm do corpo. Essa técnica é empregada quando há possibilidade de choques nos membros inferiores ou na região abdominal.

Outras técnicas individuais também são necessárias para evitar qualquer choque ou, mesmo, para facilitar os deslocamentos e o convívio social:

- Técnica para seguir uma linha guia: normalmente, aplica-se essa técnica para seguir uma parede, muro ou algo parecido. A mão que está próxima da parede ou de qualquer outra referência deve situar-se um pouco à frente do corpo, deslizando sobre a superfície plana. Essa técnica é aplicada, geralmente, quando se conhece o local rastreado.
- Técnica para encontrar assentos: depois de encontrar o encosto da cadeira, emprega-se a técnica de proteção superior e desliza-se a outra mão sobre o assento para investigar se há possibilidade de se sentar.
- Técnica do cumprimento social: no início e no final de um encontro, projeta-se o braço semiflexionado na linha central do corpo, com a mão estendida e aberta, esperando que a outra pessoa dê a mão para o cumprimento.
- Técnica do sentido de orientação: visa ajudar a usar as pistas, principalmente os pontos de referência, os sons, as entradas de ar e os odores como auxílios para a locomoção.

Recomendamos que o professor responsável – que também pode ser o da sala regular e/ou multifuncional – tenha conhecimento do diagnóstico médico e das atuais condições psicomotoras desse aluno – por exemplo, se a deficiência é congênita ou adquirida, qual é a causa da deficiência, qual é a experiência motora anterior do aluno. Isso ajuda no andamento do trabalho de reabilitação/aprendizagem. Qualquer pessoa pode ser o orientador inicial do aluno cego, desde que esteja disposta a passar cerca de três horas semanais motivando e ensinando os procedimentos básicos para o aprendizado de algumas técnicas, como as que destacamos a seguir:

- Mantenha sempre uma pasta com os dados da anamnese* do aluno (a própria escola é obrigada a informar). Inicie os dados de investigação com a família do aluno. Elabore um questionário (ver Apêndice) para saber quem são os pais da criança e qual é a colaboração que eles vão dar quando estiverem com o filho em casa.
- Saiba inicialmente quais são as maiores dificuldades de deslocamento do aluno, como: andar com muitos desequilíbrios; sentir muito medo durante a marcha; perder-se com facilidade; não ter motivação para arriscar alguns passos sozinho; depender muito dos pais para decidir algo; ter medo ao andar. Todas essas informações ajudam na elaboração de um programa inicial.
- Depois disso, saia com ele utilizando a técnica de guia vidente (o aluno segurará no cotovelo do professor) e mostre a escola e seus pontos principais, como a entrada principal, a sala de aula, os banheiros, a cantina e outras referências.
- Ao mesmo tempo que a apresentação do ambiente escolar é feita, faça referências a objetos fixos de cada local. Mostre o quadro de giz da sala, uma janela do banheiro, uma grade do portão de entrada etc.
- Todos os percursos da escola devem ser seguidos de uma referência fixa, ou seja, um ponto de partida de qualquer trabalho de OM, diferente das referências móveis.

Se você utilizar esses princípios para os primeiros dias de atividades em sala de aula, já estará usando e aplicando as técnicas de OM. Inicialmente, é interessante exercitar com o aluno pelo menos três vezes na semana. Após isso, os próprios colegas desempenharão essa tarefa. É importante, ao mesmo tempo, não impor muitas regras. Deixe o aluno bem à vontade e converse com ele, indagando sobre suas reais necessidades.

4.2
Uso da bengala longa

Se necessitar de um tempo apropriado para o início das técnicas com bengala, use o contraturno para começar o processo de reabilitação propriamente dito. Essa atividade pode ser iniciada em uma quadra de esportes, aberta ou fechada, por exemplo. Em geral, é ministrada pelo professor da sala multifuncional.

O princípio básico da técnica de bengala longa consiste em manter o braço na linha central do corpo e o punho na frente da barriga e fazer o movimento de flexão e extensão para o deslocamento da bengala. Quando a perna direita estiver à frente, a bengala, presa pelo braço direito, estará ao lado e na frente da metade esquerda do corpo. Quando a perna esquerda estiver à frente, a bengala estará no lado direito do corpo, segurada pelo braço direito. Para a proteção do corpo, estima-se o posicionamento da bengala à distância de 15 cm além da linha dos ombros.

Depois de explicar o uso da bengala, peça ao aluno que ande sozinho, aplicando a técnica. Sempre dê as referências iniciais, como andar do lugar X para o Y, por exemplo. Parta sempre do ponto mais fácil e aumente as dificuldades de acordo com a evolução do aluno. Também é oportuno o treino para subir e descer escadas (Figura 4.2), seguir uma referência (Figura 4.3), atravessar ruas (Figura 4.4), localizar objetos, entre outras práticas.

Figura 4.2
SUBIR E DESCER ESCADAS: MANTER A BENGALA NA VERTICAL

Figura 4.3
SEGUIR UMA REFERÊNCIA

Figura 4.4
ATRAVESSAR RUAS: ESCUTAR OS SONS ANTES DE ATRAVESSAR, SEMPRE USANDO UMA REFERÊNCIA PARA MELHOR ORIENTAÇÃO

Evandro Marenda

O uso da bengala longa visa proteger a pessoa com deficiência visual dos obstáculos que possam aparecer, e não são poucos. É bom frisar que essas técnicas, por melhor que sejam utilizadas, não são absolutas, pois o usuário estará sempre sujeito a novos "encontrões". Não se culpe por acontecimentos imprevisíveis e indesejáveis, pois mesmo os videntes, em algumas ocasiões, machucam-se em seus deslocamentos. Com os cegos isso não seria diferente. Faça a sua parte, mas lembre-se de que você não é um "anjo da guarda".

Avaliação do processo final em OM

A avaliação em OM é um processo contínuo. Em todos os encontros devem ser estabelecidos objetivos e métodos que devem ser realizados de acordo com o treinado. Como resultado da aplicação prática das técnicas de OM, juntamente com a realização dos exercícios psicomotores, pretende-se que haja uma melhor percepção da imagem corporal, orientação espacial e temporal, coordenação motora ampla e fina, entre outros aspectos. Inicia-se, a partir daí, a realização dos percursos, dos mais fáceis e seguros para os mais complexos e longos. Quando a realização destes últimos for avaliada pelo professor como segura e confiável, o aluno estará pronto para uma mobilidade independente. Portanto, como o processo de avaliação em OM é contínuo, vai depender apenas do aluno para que ele possa se locomover sozinho. Não existe um tempo predeterminado para a realização do aprendizado em OM, pois vai depender muito das experiências anteriores do aluno. Quanto maior for essa experiência, menos tempo de acompanhamento será necessário.

Cabe observar que todas essas informações sobre OM não fazem parte do currículo escolar da escola inclusiva; elas estão presentes nas escolas especiais e nos centros de reabilitação. Estes, sim, devem obrigatoriamente planejar atividades de OM. Quanto à escola inclusiva, os trabalhos desenvolvidos nessa área ocorrem em períodos de contraturno, sempre orientados por um professor interessado e preparado para o projeto. Esperamos que toda escola inclusiva tenha sempre alguém capacitado para isso.

O processo de reabilitação baseado na pedagogia

Aproveitando os conteúdos transdisciplinares e os ensinamentos de Freinet, conforme Sampaio (1994), usamos a pedagogia de vivências externas para que o aluno possa aprender conteúdos de sala de aula nas técnicas de OM.

Freinet acreditava em educar com a alegria de viver e via a possibilidade de uma associação com métodos em que se destacasse o prazer na descoberta de novas vivências. A sua proposta educacional e os trabalhos de OM estão intimamente interligados pelo fato de que todos os percursos realizados em ambientes abertos devem proporcionar ao aluno não apenas o aprendizado de novas técnicas, mas também o prazer em aprender em diferentes ambientes. Os trabalhos que Freinet realizava em sala de aula foram muito divulgados pela sua ousadia em tirar os seus alunos de dentro da sala e apresentá-los a um ambiente diferente do utilizado na aprendizagem tradicional.

Muitas atividades práticas de OM podem ser sugeridas para a aplicação de uma reabilitação baseada na transdisciplinaridade. De início, sugerimos percorrer apenas a distância de um quarteirão e, depois, aumentar a distância gradativamente. Na sequência, pode-se apresentar cheiros provocantes, nomes de ruas e suas origens, terminais de ônibus e os novos caminhos da cidade e do bairro; encontrar novas pessoas e suas histórias; treinar planejamento para atravessar uma rua e planejamento estratégico para administrar a casa; treinar velocidade de deslocamento durante a marcha e velocidade de corrida nas aulas de educação física; treinar o domínio da bengala e suas técnicas; treinar o domínio do corpo. É importante aproximar as técnicas aprendidas dos conteúdos referentes às condutas psicomotoras (lateralidade, imagem corporal, organização espacial etc.), bem como transmitir confiança e segurança nas propostas de reabilitação. Estas são algumas das inúmeras estratégias para interagir com as outras disciplinas da escola, reforçando que é necessário ter iniciativa e acreditar na proposta de reabilitação.

Garcia, citado por Medina (2008, p. 39), define o método de reabilitação de uma pessoa cega como o processo de ensino-aprendizagem, portanto, suscetível de ser entendido como um processo em que a didática tem algo a mostrar, pois importa não apenas o que é ensinado, mas como se ensina. Isso representa, em nossas práticas, uma visão mais facilitadora e diretiva dos objetivos finais. Assim, é possível dizer que não existe um método específico para os objetivos de reabilitação.

O processo de ensino, então, torna-se contínuo, coparticipativo, da mesma forma que as avaliações do processo. Muito do que o aluno deve aprender centra-se nas suas particularidades, nas suas vivências, nas suas necessidades. Tudo vai depender de quem é o nosso aluno e de como podemos pensar juntos, professor e aluno, no processo e no método mais apropriado.

Voltando a Medina (2008), esse modelo facilita o contato e a aprendizagem. Mediante o uso de perguntas, o professor vai reorientando as informações, conhecendo o aluno e os seus problemas e guiando-o ao próprio (re)descobrimento. Para tornar o modelo de Medina (2008) mais simplificado, podemos pressupor que ele se utiliza de técnicas e métodos mundialmente conhecidos. A seguir, fazemos uma tradução livre do que já foi publicado:

- Oferecer objetivos reais baseados nas necessidades e interesses do aluno, razão pela qual, antes de planejar, é necessário conhecê-lo.
- Conhecer as ideias do aluno e saber se elas estão sendo cumpridas durante o processo de aprendizagem; saber os seus reais interesses, sua motivação em um novo aprendizado e o porquê de se submeter a esse aprendizado.
- Avaliar com o aluno os possíveis procedimentos que existem diante de determinada situação, utilizando, para isso, a experiência prévia e outras informações; facilitar o aprendizado através de condutas psicomotoras que sejam relevantes para ele.
- Oferecer ao aluno informações sobre os demais procedimentos e informações complementares e reconhecer as técnicas de reabilitação como uma alternativa eficiente e independente para a melhor qualidade de vida do aluno.

- Experimentar todas as opções desejadas, desde situações de deslocamentos com maior dificuldade de realização até as mais simples.
- Experimentar vários ambientes distintos, favorecendo o aparecimento de novas variáveis, como vento, sol, sons diversos, terrenos distintos, poluição desconhecida, entre outras.
- Sentir-se livre para aplicar qualquer dos procedimentos, desde que sejam seguros, em função do que os alunos mais gostam e realizar pequenos percursos independentes são alternativas inteligentes.
- Aplicar várias situações na prática, as quais estruturam todos os procedimentos vivenciados, como fazer compras, solicitar informações, aceitar ajuda de desconhecidos etc.

Todas essas técnicas de OM podem ser vivenciadas em situações mais "vivas" para o aluno: na prática de atividades na escola, no comércio, próximo da residência e outros lugares mais frequentados.

4.3
Currículo sem contradições: reflexões necessárias para o atendimento de pessoas com deficiência visual*

A educação pode ser definida como um processo que instrumentaliza o sujeito para os jogos de relações entre as dinâmicas sociais que colocam frente a frente os interesses dos indivíduos e da coletividade, podendo se dar de modo formal ou não formal.

---

* Essa possibilidade de aplicação na escola inclusiva foi apresentada pelo professor Gastão Octávio Franco da Luz (2008) e no livro *Deficiência visual: do currículo aos processos de reabilitação* (Mosquera, 2022).

Para a efetivação da educação, precisamos de um currículo que satisfaça os interesses do grupo: alunos e professores. Luz (2008) define *currículo escolar* como um projeto cultural elaborado sob chaves pedagógicas.

Por essa perspectiva, é possível verificar a necessidade de a escola regular se transformar em escola inclusiva, ou seja, mudar o currículo o bastante para mostrar à sociedade e aos alunos e professores que, sem um planejamento adequado e realista, ela (a escola) continua fadada ao fracasso. Nos planejamentos escolares em geral, não constatamos os recursos, as avaliações, as estratégias para atender os alunos com necessidades especiais. Há muito tempo sabemos que a memorização e o simples domínio de conteúdos não viabilizam a solução de problemas. Barroso (2006, p. 290), afirma que "o problema que se coloca atualmente não é o de recuperar essa organização perdida, mas sim o de encontrar outra organização adaptada à realidade do presente". Essa outra organização pode ser a escola que tanto almejamos.

São muitos anos de reclamações e interpretações equivocadas sobre as leis da educação. Não se admite mais a continuidade de uma escola sem um currículo apropriado e eficiente. As discussões acerca dessas questões são realizadas em um contexto socioeconômico bastante excludente e em ambientes educacionais que não funcionam, bem como por meios referenciais teóricos que ainda pregam uma visão estática de homem, um currículo arcaico, além de uma visão que idealiza o igual, o homogêneo, como se isso fosse possível. O mesmo acontece com a avaliação dos alunos com deficiência na escola inclusiva. Dessa forma, não só a capacitação dos docentes é suficiente para a mudança de que a escola precisa – um currículo mais humano pode ser o começo dessa mudança.

Assim, cabe ressaltar que

> *um dos objetivos da educação é permitir a cada um estar consciente da sua condição humana, situada no seu mundo físico, biológico, histórico, social, a fim de que se possa assumir. Outro objetivo é tornar cada aluno consciente de sua condição de cidadão no espaço histórico e geográfico do país e do mundo globalizado que habita, em busca de sua identidade.* (Morin, 2006, p. 55)

Portanto, é possível dizer que Morin já pressupunha refazer os currículos escolares, nos quais, muitas vezes, os principais objetivos da escola são esquecidos, razão pela qual chamamos a escola regular de *conteudista*. Essa transformação é necessária, pois a simples assimilação dos conteúdos, como acontece nos dias de hoje, é insuficiente para o novo "homem" que a sociedade do século XXI exige. O atual modelo (que há muito existe) da "decoreba" não reflete o que propõe a escola inclusiva, que, em sua essência, estimula o aluno criativo a trabalhar com os seus valores de uma forma mais prazerosa.

As mudanças que essa nova escola exige perpassam, obrigatoriamente, pelos diversos contextos da sociedade. Por isso, todas as experiências prévias dos alunos são importantes para o professor, pois elas podem fornecer indicativos para a mudança de currículo e de objetivos na escola. O ensino por competências obriga o aluno a organizar os conceitos aprendidos e a refletir sobre os problemas, além de estimular a sua resolução. Essa alteração na concepção escolar pode, quem sabe, transformar a escola regular em escola inclusiva. Essa transformação aqui comentada já existe; temos no Brasil muitas referências de escola inclusiva que servem de modelo para outros países, mas ainda falta muito para aquelas escolas que não passaram por esse processo.

Esse novo paradigma da escola inclusiva e seus currículos propõe um novo olhar para a escola, a qual deve atender a todos de forma a respeitar as diferenças, pois, conforme Rodrigues (2006, p. 311),

> *A proposta pedagógica da EI [escola inclusiva] passa claramente pela oferta de oportunidades de aprendizagem diversificadas aos alunos. Se a "diferença é comum a todos" e assumimos a classe como heterogênea, é importante responder a essa heterogeneidade em termos de estratégias de ensino e aprendizagem.*

O mesmo autor, ao se referir ao currículo, acrescenta: "Quando se aborda a necessidade da diferenciação curricular, é comum atribuir essa responsabilidade ao professor. Os professores 'inclusivos' fazem-na e os professores 'tradicionais' mantêm-se em modelos não diferenciados" (Rodrigues, 2006, p. 312). Todas essas discussões estão pautadas na necessidade em atender todos os alunos matriculados na escola inclusiva, incentivando as mudanças de currículo, alterando objetivos e fortalecendo as interações.

4.4
As concepções conflitantes de *curriculum**

Talvez seja este um dos grandes problemas da escola inclusiva no Brasil: um currículo conflitante, sem uma proposta clara. Adotamos propostas internacionais, mediamos os conteúdos arbitrariamente, avaliamos improvisadamente e confirmamos algo distante. Ainda não está muito claro, até mesmo para o Ministério da Educação, qual é o real currículo para a escola inclusiva. Como forma didática, para uma alternativa a ser adotada na escola, propomos o currículo para a perspectiva sistêmica. Na sequência, apresentamos os tópicos mais importantes dessa teoria, os quais podem nortear um planejamento escolar*:

---

* Essa possibilidade de aplicação na escola inclusiva foi apresentada pelo professor Gastão Octávio Franco da Luz (2008) e no livro Deficiência visual: do currículo aos processos de reabilitação (Mosquera, 2022).

- As disciplinas clássicas são exploradas, porém uma deve servir como mapa da outra, o que exige a transdisciplinaridade.
- A teoria sistêmica e de redes se constitui nos parâmetros para pensar o planejamento do processo de ensino-aprendizagem.
- A avaliação discente se dá com base em indícios de transformações (de valores, comportamento, modo de vida, no processo das relações etc.).
- Os conteúdos tradicionais são preteridos em favor da aprendizagem do que é relevante para outra forma de se viver na Terra.
- Não se crê em nenhuma necessidade de hierarquia dos conteúdos, pois se admite que, quando se concebe o planejamento educacional em rede, pode-se entrar por qualquer ponto (ou nó).
- A escola como instituição (que pode existir apenas virtualmente) é somente um local de referência, pois a aprendizagem se dá por meio de redes (de relações pessoais, de base tecnológica, de projetos, de organizações etc.).
- A escola não é o local para a busca de dados ou informações (o que se obtém nas redes do mundo), e sim um espaço para se suspeitar, desconstruir, reconstruir dados e informações. Nessa perspectiva, na escola se ensina e se aprende sobre a compreensão, o fim das certezas e sobre os erros e ilusões do conhecimento humano.
- A relação professor-aluno se dá pressupondo o ensino-aprendizagem recíproco, com base na relação sujeito-sujeito.
- Para essa concepção, as relações entre sociedade e natureza são tão importantes quanto as humanas, pois é preciso aprender sobre nossa identidade terrena, em busca de uma ética da vida.

Nessa nova proposta de currículo, o aluno aprende OM quando realmente precisar e lhe interessar. Não existe um pré-requisito para a iniciação, apenas condições psicomotoras para isso. Os processos de OM devem ser iniciados a partir da entrada da criança na escola. As primeiras sessões de atendimento, ou as primeiras aulas de OM, devem ser orientadas pelo próprio professor em sala de aula, pois ele é o elemento do "sistema" que mais conhece a criança na escola. Talvez por isso ele seja a primeira referência para o aluno. Outros conteúdos do currículo também podem favorecer a aprendizagem desse aluno nas técnicas de OM. Essa nova proposta de atendimento, ou seja, o mesmo professor como elemento principal das orientações básicas na reabilitação do aluno cego, sem o título de "especialista", pode ser determinante nessa nova perspectiva sistêmica – uma alternativa inteligente para os aprendizados de OM e outras áreas da deficiência visual. Vale lembrar que essa teoria sistêmica se fundamenta na preocupação em atender os alunos como interdependentes que interagem com objetivos comuns, tendo em vista o conjunto das preocupações.

Essas concepções de currículo são conflitantes, principalmente para a escola inclusiva, haja vista que a escola regular foi idealizada para atender "os normais", conceito derivado de normas e valores preestabelecidos. Como as pessoas com deficiência "fogem" dessas normas, fica difícil propor uma escola que considere essas diferenças. O currículo, em geral, flexibiliza-se permanentemente para orientar o projeto da escola inclusiva, razão pela qual, no decorrer dessas discussões sobre a modificação dos objetivos da escola, os conflitos aparecem para mostrar a necessidade de propor a dimensão das competências. Um currículo sem conflitos é aquele que oferece ao aluno um professor que, além de assumir sua função em contextos inerentemente diversos, sabe planejar as atividades pautadas nas heterogeneidades e avaliar os resultados apresentados pela superação e não por médias preestabelecidas. Apesar disso, as complementações curriculares para alunos com deficiência visual são necessárias, como a utilização do sistema braille, do soroban, da OM e da escrita cursiva, comentadas anteriormente.

O assunto do planejamento curricular na escola inclusiva não pode ser desprezado e todas as premissas que envolvem o ensino e seu currículo devem ser cuidadosamente respeitadas.

4.5
Reflexões sobre o processo de avaliação

Avaliar um aluno com deficiência visual, de acordo com Carnevalli (2006),

> *requer a verificação do que foi apreendido pelo aluno, de como se dá o seu pensar, de quais relações estabelece entre eventos, de como estabelece tais relações, bem como requer a identificação de "o que" e "como" o professor está ensinando, quais intervenções e/ou mudanças devem ocorrer nas estratégias pedagógicas adotadas.*

A transdisciplinaridade pode facilitar a compreensão dessa avaliação, integrando as diversas disciplinas para interagir com a realidade do aluno e o que se pretende ensinar, através das adaptações propostas. A teoria dos sistemas propõe ouvir o aluno, na busca de compreensão sobre o que ele pensa e sobre que hipóteses ele formula "acerca de seus acertos e erros. É essencial BUSCAR CONHECER qual é o seu nível de desenvolvimento e de domínio de pré-requisitos referentes a cada conteúdo trabalhado" (Brasil, 2006, p. 196, grifo do original).

A análise acerca dos erros e acertos provocados pelo prazer em aprender na escola inclusiva ou pelos percursos realizados em OM – principalmente as atividades em ambientes abertos –, pelas atividades esportivas e pelas preocupações com o braille e outros conteúdos permite desvelar o processo de construção de conhecimento. Essa simbiose aluno-professor é a essência de uma avaliação como processo permanente. As melhores respostas nessas avaliações são o desejo de satisfação nas tarefas propostas e o prazer em continuar seu processo de independência.

> *Nessa perspectiva, a avaliação só toma sentido quando deixa de ser uma medida linear, estática e adquire a perspectiva da busca de compreensão do indivíduo que aprende e se desenvolve, e do próprio processo de aquisição, construção do conhecimento, de forma contextualizada.* (Brasil, 2006, p. 196)

A avaliação compreensiva é processual, ou seja, demanda continuidade e desenvolvimento com o tempo, além de requerer muito mais do que uma simples nota, exigindo do professor e da escola uma postura crítica e corajosa. Como pode ser visto em Brasil (2006, p. 193, 197),

> *É atribuição do professor pensar sobre o aluno, ou seja, desenvolver suas ações pedagógicas constantemente atento aos seus efeitos no processo de aprendizagem do aluno, peculiar em sua subjetividade e em seu processo de construção do conhecimento. Somente assim se pode redirecionar a avaliação, no sentido de fazer dela um processo efetivo de diagnóstico pedagógico, compreensivo e sinalizador dos necessários ajustes.*

"Necessários ajustes" é a expressão mais coerente e pertinente para essa nova escola que surgiu. É preciso urgentemente realizar esse "diagnóstico pedagógico" antes que todos os envolvidos na escola inclusiva (professores, diretores, funcionários etc.) insistam em afirmar que "não estão preparados" para atender alunos com deficiência ou necessidades educacionais especiais. Não pode ser esse o discurso da maioria dos professores como desculpa para não aceitar o novo paradigma da educação inclusiva. Dificuldades e limitações estruturais sempre existiram, por isso a nova "agenda" deve motivar os professores e a comunidade escolar em geral a pensar que a escola é para todos. O que acontece na escola é o mesmo que acontece na sociedade; nem por isso deixamos de acreditar nas mudanças.

Para saber mais

SOARES, F. A.; GONTIJO, L. S. Produção do conhecimento: bases genéticas, bioquímicas e imunológicas da síndrome de Meares-Irlen. Revista Brasileira de Oftalmologia, v. 75, n. 5, p. 412-415, 2016. Disponível em: <https://www.scielo.br/j/rbof/a/L3wMk8k8W8k6zfZhfqGDhhp/abstract/?lang=pt>. Acesso em: 4 set. 2023.

Síntese

Neste capítulo, apresentamos os conceitos de orientação e mobilidade (OM), as técnicas mais importantes e seus objetivos. Comentamos sobre a necessidade que as pessoas com deficiência visual têm dessas técnicas para a sua autonomia e sobre a importância de a escola inclusiva contemplar em seus currículos disciplinas que favoreçam o desenvolvimento desses alunos – mesmo que sejam em centros de reabilitação. O aprendizado de OM também perpassa pelos fundamentos teóricos da pedagogia. Trouxemos neste capítulo os ensinamentos de Freinet, que acreditava em educar com a alegria de viver e via a possibilidade de uma associação com métodos em que se destacasse o prazer na descoberta de novas vivências. Abordamos, principalmente, as descobertas no uso da bengala e na convivência com guias videntes, desde os primeiros contatos com a bengala até a importância de esse instrumento se tornar uma extensão do próprio corpo. Vivências de novos aprendizados tornam-se fundamentais para uma independência segura e legítima para quem precisa viver sem a visão. Portanto, o processo de ensino torna-se contínuo, coparticipativo, assim como as avaliações do processo.

Indicações culturais

Filme

A LÍNGUA das mariposas. Direção: José Luiz Cuerda. Produção: Fernando Bovaira, José Luiz Cuerda, José Maria Iresteiro, Mônica Martínez, Myriam Mateos e Emiliano Otequi. Espanha: Pandora Filmes/Warner Home Video, 1999. 96 min.

A língua das mariposas é um filme a que todo professor preocupado em conhecer novas pedagogias que podem ser aplicadas na escola inclusiva deve assistir. Don Gregório (Fernando Fernán-Gomes), um professor sensível, preocupado com o futuro das crianças, recebe Moncho (Manuel Lozano), um aluno novo na escola. Essa relação íntima entre os dois permite entender a real função de um professor. O filme se passa nos anos que antecedem a Guerra Civil Espanhola.

Sites

IBC – Instituto Benjamin Constant. Disponível em: <https://www.gov.br/ibc/pt-br>. Acesso em: 4 set. 2023.

Esse *site* oferece informações sobre recursos educacionais e vários outros temas sobre a deficiência visual. Nele ainda encontramos todos os serviços do Instituto Benjamin Constant, além de muitos materiais didáticos que podem ser utilizados em qualquer escola inclusiva que trabalhe com cegos. Os trabalhos de pesquisa realizados no Instituto são os diferenciais desse *site*, pois poucos centros especializados no Brasil realizam esse tipo de serviço.

LARAMARA – Associação Brasileira de Assistência à Pessoa com Deficiência Visual. Disponível em: <https://laramara.org.br/>. Acesso em: 4 set. 2023.

Trata-se de uma organização da sociedade civil que visa apoiar a inclusão educacional e social da pessoa com deficiência visual. Ela oferece programas especiais de reabilitação e estimulação, além de poder ajudar como referência para projetos na área.

Atividades de Autoavaliação

1. Com relação aos objetivos da OM, assinale com V as afirmativas verdadeiras e com F as falsas.
   ( ) Autonomia e integração social.
   ( ) Segurança durante os deslocamentos.
   ( ) Melhorar a autoestima.
   ( ) Favorecer as relações interpessoais.

   A sequência correta é:
   a) V, V, V, V.
   b) V, V, F, V.
   c) F, V, V, V.
   d) V, V, V, F.

2. Com relação ao uso de técnicas com guia vidente, assinale a alternativa INCORRETA:
   a) Durante os deslocamentos, o melhor posicionamento em relação ao guia é ficar à frente.
   b) Troca de lado é uma das técnicas treinadas.
   c) O guia deve permanecer sempre um pouco à frente do aluno.
   d) Segurar um pouco acima do cotovelo do guia é o processo que deve ser treinado.

3. Sobre a melhor empunhadura da bengala em relação ao corpo do aluno durante os deslocamentos, relacione as informações a seguir.
   A) Quando a bengala estiver na linha do ombro esquerdo do aluno.
   B) Quando a bengala estiver na linha do ombro direito do aluno.
   C) Quando a bengala estiver na vertical, em frente ao aluno.
   D) Quando o aluno desliza a bengala nos seus deslocamentos.
   ( ) Quando o aluno estiver subindo escadas.
   ( ) Quando a perna esquerda estiver na frente.

( ) Quando o aluno se desloca em pisos lisos e conhecidos.
( ) Quando a perna direita estiver na frente.

A sequência correta é:
a) D, B, A, C.
b) C, D, B, A.
c) A, C, B, D.
d) C, B, D, A.

4. Sobre o método de Medina (2008) apresentado neste capítulo, assinale com V as afirmações verdadeiras e com F as falsas.
   ( ) Oferecer ao aluno informações sobre os demais procedimentos e informações complementares e reconhecer as técnicas de reabilitação.
   ( ) Sentir-se livre para aplicar qualquer dos procedimentos, desde que seja seguros, em função do que os alunos mais gostam.
   ( ) Oferecer objetivos reais baseados nas necessidades e interesses do aluno, razão pela qual, antes de planejar, é necessário conhecê-lo.
   ( ) Avaliar com o aluno os possíveis procedimentos que existem diante de determinada situação, utilizando, para isso, a experiência prévia e outras informações; facilitar o aprendizado através de condutas psicomotoras que sejam relevantes para ele.

   A sequência correta é:
   a) V, V, F, F.
   b) V, V, V, V.
   c) F, V, F, V.
   d) F, F, F, F.

5. Qual é a alternativa que melhor define o currículo na perspectiva sistêmica?
   a) A avaliação discente se dá com base em provas teóricas e práticas.
   b) O mais importante nesse modelo de currículo é respeitar a necessidade de hierarquia dos conteúdos.

c) A escola como instituição (que pode existir apenas virtualmente) é somente um local de referência, pois a aprendizagem se dá por meio de redes – de relações pessoais, de base tecnológica, de projetos, de organizações.

d) Nesse modelo de currículo, as relações entre sociedade e natureza não são tão importantes quanto as humanas, pois é preciso aprender sobre a identidade terrena em busca de uma ética da vida.

Atividades de aprendizagem

Questões para reflexão

1. Relacione as principais técnicas de OM – com e sem bengala. Além disso, descreva os objetivos de cada uma das técnicas.

2. Juntamente com a sua turma de sala de aula, confeccione materiais que possam facilitar a aprendizagem de alunos que apresentam baixa visão.

Atividade aplicada: prática

1. Pratique você mesmo a técnica correta do uso da bengala longa. O movimento precisa ser sincronizado, coordenado: bengala para um lado, perna oposta da bengala para o outro.

    Proposta: Com um aluno cego ou mesmo um aluno de olhos vendados, oriente-o a usar a bengala corretamente. Apresente suas explicações verbais de forma que o aluno possa iniciar a praticar as técnicas da bengala longa. A proposta é fazer com que você teste seus conhecimentos em uma situação prática.

Considerações finais

Qualquer livro pode apresentar caminhos que mostram alternâncias na compreensão do assunto abordado. O caminho que resolvemos compartilhar com o leitor foi um dos assuntos mais debatidos cotidianamente na educação de pessoas cegas e com baixa visão. Evidentemente, isso não é fácil, mas é necessário. O objetivo também foi escrever um livro acessível para todos que tenham interesse na área da deficiência visual, apesar de, como já mencionado, o assunto não ser tão simples assim.

Acreditamos que qualquer aprendizado se faz no dia a dia, aperfeiçoando-se com a literatura, propondo-se formas alternativas de aprendizagem. Por essa razão, para qualquer investimento em educação ou educação inclusiva, o desafio é muito maior. Não podemos esquecer, quando trabalhamos com pessoas com deficiência, que, antes de terem deficiências, eles são pessoas. Por essa razão, fizemos questão de não acrescentar nada neste livro quanto a aspectos como sala de recursos, contraturno, reforço, déficit de aprendizagem e outras infinitas terminologias. Pessoas com deficiência só estão excluídos porque nossa escola ainda não encontrou o "professor ideal" para a inclusão e os educadores em geral acreditam que exista uma fórmula mágica para isso. Mas tal fórmula não existe, e é bom que isso não aconteça. Existe apenas o comprometimento do professor e este deve transcender a escola comum e a família; assim, fica mais suave aceitar a escola inclusiva.

Esperamos que, ao término desta leitura, você possa estar com mais dúvidas, mais curiosidades. A partir daí, sim, poderemos construir algo significativo, com mais reflexão. O ser humano é assim mesmo, jamais encontrará um método suficientemente pronto. O que vamos encontrar são alunos sedentos de curiosidades e paixões. Quando entendermos isso, nosso currículo será o da compreensão e da liberdade.

Até um próximo encontro!

Referências

BARROSO, J. Incluir, sim, mas onde? Para uma reconceituação sociocomunitária da escola pública. In: RODRIGUES, D. (Org.). Inclusão e educação: doze olhares sobre a educação inclusiva. São Paulo: Summus, 2006. p. 275-297.

BAUMEL, R. C. R. C.; CASTRO, A. M. Materiais e recursos de ensino para deficientes visuais. In: RIBEIRO, M. L. S; BAUMEL, R. C. R. de C. (Org.). Educação especial: do querer ao fazer. São Paulo: Avercamp, 2003. p. 95-107.

BELARMINO, J. Associativismo e política: a luta dos grupos estigmatizados pela cidadania plena. João Pessoa: Ideia, 1996.

BERTALANFFY, L. von. Introducción a la teoria general de la adminstración. Petrópolis: Vozes, 1976.

BERTALANFFY, L. von. Teoria geral dos sistemas. Petrópolis: Vozes, 1973.

BIANCHETTI, L.; FREIRE, I. M. (Org.). Um olhar sobre a diferença: interação, trabalho e cidadania. São Paulo: Papirus, 1998. (Série Educação Especial).

BOURDIEU, P.; PASSERON, J.-C. A reprodução: elementos para uma teoria do sistema de ensino. 3. ed. Rio de Janeiro: F. Alves, 1992.

BRASIL. Constituição (1988). Diário Oficial da União, Brasília, DF, 5 out. 1988. Disponível em: <http://www.planalto.gov.br/ccivil_03/constituicao/constitui%C3%A7ao.htm>. Acesso em: 23 maio 2023.

BRASIL. Lei n. 13.146, de 6 de julho de 2015. Diário Oficial da União, Poder Legislativo, Brasília, DF, 7 jul. 2015. Disponível em: <https://www.planalto.gov.br/cCIVIL_03/_Ato2015-2018/2015/Lei/L13146.htm>. Acesso em: 23 maio 2023.

BRASIL. Instituto Nacional de Estudos e Pesquisas Educacionais Anísio Teixeira. Ministério da Educação. Censo da Educação Básica 2019. Resumo técnico. Brasília, 2020. Disponível em: <https://download.inep.gov.br/publicacoes/institucionais/estatisticas_e_indicadores/resumo_tecnico_censo_da_educacao_basica_2019.pdf>. Acesso em: 10 out. 2024.

BRASIL. Ministério da Educação. Secretaria da Educação Especial. POLÍTICA NACIONAL DE EDUCAÇÃO ESPECIAL NA PERSPECTIVA DA EDUCAÇÃO INCLUSIVA. Brasília, 2008. Disponível em: <http://portal.mec.gov.br/arquivos/pdf/politicaeducespecial.pdf>. Acesso em: 23 maio 2023.

BRASIL. Ministério da Educação. Secretaria de Educação Especial. SABERES E PRÁTICAS DA INCLUSÃO: desenvolvendo competências para o atendimento às necessidades educacionais especiais de alunos cegos e de alunos com baixa visão. 2. ed. Brasília, 2006. (Série Saberes e Práticas da Inclusão). Disponível em: <http://portal.mec.gov.br/seesp/arquivos/pdf/alunos cegos.pdf>. Acesso em: 11 dez. 2023.

BRITO, P. R.; VEITZMAN, S. Causas de cegueira e baixa visão em crianças. ARQUIVOS BRASILEIROS DE OFTALMOLOGIA, São Paulo, v. 63, n. 1, p. 49-54, fev. 2000. Disponível em: <http://www.scielo.br/scielo.php?script=sci_arttext&pid=S0004-27492000000100010&lng=en&nrm=iso>. Acesso em: 24 maio 2023.

BRUNI, L. F.; CRUZ, A. A. V. e. Sentido cromático: tipos de defeitos e testes de avaliação clínica. ARQUIVOS BRASILEIROS DE OFTALMOLOGIA, São Paulo, v. 69, n. 5, p. 766-775, out. 2006. Disponível em: <https://www.scielo.br/j/abo/a/FPx5WxH4v3NSTyhdqtys4Vw/?lang=pt>. Acesso em: 23 maio 2023.

BRUNO, M. M. G.; MOTA, M. G. B. da. (Coord.). PROGRAMA DE CAPACITAÇÃO DE RECURSOS HUMANOS DO ENSINO FUNDAMENTAL: deficiência visual. Brasília: Ministério da Educação/Secretaria de Educação Especial, 2001. v. 2. Fascículo IV. (Série Atualidades Pedagógicas, 6).

CAPRA, F. A CIÊNCIA DE LEONARDO DA VINCI. São Paulo: Cultrix, 2008.

CAPRA, F. ALFABETIZAÇÃO ECOLÓGICA: a educação das crianças para um mundo sustentável. São Paulo: Cultrix, 2007.

CARNEVALLI, M. J. M. de. MEMÓRIAS DE GIZ. 76 f. Trabalho de Conclusão de Curso (Graduação em Pedagogia) – Faculdade de Educação, Unicamp, Campinas, 2006.

COÍN, M. R.; ENRÍQUEZ, M. I. R. Orientação, mobilidade e habilidades da vida diária. In: MARTIN, M. B.; BUENO, S. T. DEFICIÊNCIA VISUAL: aspectos psicoevolutivos e educacionais. São Paulo: Santos, 2003. p. 249-261.

CORN, A. Instrucción para el uso de la visión para niños y adultos com baja visión: propuesta de um programa modelo. ICEVH, Córdoba, n. 88, 1989.

DANTAS, A. M.; MOREIRA, A. R. M. OFTALMOLOGIA PEDIÁTRICA. Rio de Janeiro: Cultura Médica, 2006.

DIDEROT, D. TEXTOS ESCOLHIDOS. São Paulo: Abril Cultural, 1979. (Coleção Os Pensadores).

DINIZ, D. O que é deficiência. São Paulo: Brasiliense, 2007.

EISNER, E.; VALLANCE, E. Conflicting Conceptions of Curriculum. Berkeley: McCutrhan, 1974.

FAZENDA, I. Interação e práticas interdisciplinares na escola. São Paulo: Cortez, 1999.

FERNANDES, S.; ROSA, E. R. Modelo social da deficiência: reflexões sobre a inclusão educacional. In: MOSQUERA, C. (Org.). Deficiência visual: do currículo aos processos de reabilitação. 2. ed. Curitiba: Chain, 2022. p. 11-26.

FERREIRA, S. B. L.; NUNES, R. R. e-usabilidade. Disponível em: <http://www.ltceditora.com.br/e-Usabilidade/cap04.pdf>. Acesso em: 2 mar. 2010.

FIORI, N. As neurociências cognitivas. Petrópolis: Vozes, 2008.

FONSECA, V. Desenvolvimento psicomotor e aprendizagem. Porto Alegre: Artmed, 2008.

FREEMAN, W. Percepção. Revista Mente e Cérebro, Rio de Janeiro, n. 3, 2005.

FUNDAÇÃO DORINA NOWILL PARA CEGOS. O que é deficiência? Disponível em: <https://fundacaodorina.org.br/a-fundacao/pessoas-cegas-e-com-baixa-visao/o-que-e-deficiencia/?gclid=CjwKCAiAzp6eBhByEiwA_gGq5IICLOLTpTsh_Ztsnz-y9hqCZoB5N5iOBbPk3IeqSWK_7YO63FuhCBoCGp0QAvD_BwE>. Acesso em: 24 maio 2023.

FUNDAÇÃO PADRE CHICO. Materiais adaptados para deficientes visuais para uso na escola. Disponível em: <http://www.padrechico.org.br/Leitura_e_Escrit_Braille.htm>. Acesso em: 13 mar. 2009.

GASSIER, J. Manual del desarrollo psicomotor del niño. Barcelona: Toray Masson, 1983.

GERAQUE, E. Cérebro registra a banana como amarela, mesmo que ela seja cinza. Folha de S.Paulo, São Paulo, 30 out. 2006. Ciência. Disponível em: <https://www1.folha.uol.com.br/fsp/ciencia/fe3010200601.htm>. Acesso em: 8 out. 2024.

GIL, M. (Org.). Deficiência visual. Brasília: MEC; Secretaria de Educação a Distância, 2000. (Cadernos da TV Escola). Disponível em: <http://portal.mec.gov.br/seed/arquivos/pdf/deficienciavisual.pdf>. Acesso em: 9 out. 2024.

GRAMSCI, A. Maquiavel, a política e o Estado moderno. 7. ed. Rio de Janeiro: Civilização Brasileira, 1989.

IBGE – Instituto Brasileiro de Geografia e Estatística. Pesquisa Nacional por Amostra de Domicílios Contínua. Pessoas com deficiência 2022. 7 jul. 2023. Disponível em: <https://agenciadenoticias.ibge.gov.br/media/com_mediaibge/arquivos/0a9afaed04d79830f73a16136dba23b9.pdf>. Acesso em: 10 out. 2024.

IFRAH, G. Os números: a história de uma grande invenção. São Paulo: Global, 1989.

JANNUZZI, G. de M. A educação do deficiente no Brasil: dos primórdios ao início do século XXI. 3. ed. Campinas: Autores Associados, 2017. E-book.

LEONHARDT, M. El bebé ciego: primera atención – um enfoque psicopedagógico. Barcelona: Once, 1992.

LOGOTHETIS, N. K. Visão: janela da consciência. Scientific American Brasil, v. 23, n. 4, p. 20-28, 2004.

LOURENÇO, E. A. G. de et al. Acessibilidade para estudantes com deficiência visual: orientações para o ensino superior. São Paulo: Unifesp, 2020. (Coleção Área da Deficiência Visual, v. 1). Disponível em: <https://acessibilidade.unifesp.br/images/PDF/Ebook-Colecao-DV01-2020.pdf>. Acesso em: 9 out. 2024.

LUZ, G. O. F. da. Curso de pós-graduação em educação e saúde. 2008. Notas de aula.

MARTIN, M. B.; BUENO, S. T. (Org.). Deficiência visual: aspectos psicoevolutivos e educacionais. São Paulo: Santos, 2003.

MASINI, E. F. S. O perceber e o relacionar-se do deficiente visual: orientando professores especializados. Brasília: Corde, 1994.

MAZZOTTA, M. J. S. Educação especial no Brasil: história e políticas públicas. 5. ed. São Paulo: Cortez, 2005.

MEDINA, J. H. Perspectiva de los programas de autonomia para el desplazamiento en alumnado con ceguera. Revista Integración, Barcelona, n. 53, p. 37-45, 2008.

MICHELS, M. H. Gestão, formação docente e inclusão: eixos da reforma educacional brasileira que atribuem contornos à organização escolar. Revista Brasileira de Educação, v. 11, n. 33, p. 406-423, set./dez. 2006. Disponível em: <https://www.scielo.br/j/rbedu/a/9DKY9WgbVLqNqvyLkpVDZNS/?format=pdf&lang=pt>. Acesso em: 9 out. 2024.

MONTILHA, R. C. L. et al. Utilização de recursos ópticos e equipamentos por escolares com deficiência visual. Arquivos Brasileiros de Oftalmologia, v. 69, n. 2, p. 207-211, 2006.

MORIN, E. Os sete saberes necessários à educação do futuro. São Paulo: Cortez, 2006.

MORO, M. L. F. Implicações da epistemologia genética de Piaget para a educação. In: PLACCO, V. M. N. S. (Org.). Psicologia e educação: revendo contribuições. São Paulo: Fapesp, 2003. p. 117-137.

MOSQUERA, C. (Org.). Deficiência visual: do currículo aos processos de reabilitação. 3. ed. Curitiba: Chain, 2022.

MOSQUERA, C. Educação física para deficientes visuais. Rio de Janeiro: Sprint, 2000.

MOSQUERA, C. Entre devaneios e ilusões: educação especial e memórias inclusivas. Curitiba: Chain, 2019.

PAULON, S. M.; FREITAS, L. B. de L.; PINHO, G. S. Documento subsidiário à política de inclusão. Brasília, Ministério da Educação/Secretaria de Educação Especial, 2005.

PEREIRA, M. P. Niños com deficiencia visual y atención temprana. In: PÉREZ-LOPEZ, J.; NUEZ, A. G. B. (Coord.). Manual de atención temprana. Madrid: Pirámide, 2004. p. 209-227.

PÉREZ-PEREIRA, M.; CASTRO, J. El desarrollo psicológico del los niños ciegos en la primera infancia. Barcelona: Paidós, 1994.

PICCOLO, G. M. Por um pensar sociológico sobre a deficiência. Curitiba: Appris, 2014.

PIÑERO, D. M. C.; QUERO, F. O.; DÍAZ, F. R. O sistema braille. In: MARTIN, M. B.; BUENO, S. T. (Coord.). Deficiência visual: aspectos psicoevolutivos e educacionais. São Paulo: Santos, 2003. p. 227-247.

RAMOS, R. IBGE aponta que mais de 6 milhões de pessoas têm deficiência visual no Brasil. Portal Univali, 12 dez. 2023. Pesquisa. Disponível em: <https://www.univali.br/noticias/Paginas/ibge-aponta-que-mais-de-6-milhoes-de-pessoas-tem-deficiencia-visual-no-brasil.aspx>. Acesso em: 10 out. 2024.

REILY, L. Escola inclusiva: linguagem e mediação. São Paulo: Papirus, 2006.

ROCHA, H.; GONÇALVES, E. R. Ensaio sobre a problemática da cegueira: prevenção, recuperação, reabilitação. Belo Horizonte: Fundação Hilton Rocha, 1987.

RODRIGUES, A. S. C. A influência da afetividade, na relação entre professores e alunos, na prevenção das dificuldades de aprendizagem. 47 f. Monografia (Especialização em Psicopedagogia Institucional) – Universidade Cândido Mendes, Rio de Janeiro, 2007.

RODRIGUES, D. Dez ideias (mal)feitas sobre a educação inclusiva. In: RODRIGUES, D. (Org.). Inclusão e educação: doze olhares sobre a educação inclusiva. São Paulo: Summus, 2006. p. 299-318.

RUEDA, C. S. El desarollo de los procesos básicos em la lectura braille. Madrid: Once, 1994.

SAMPAIO, R. M. W. Freinet: evolução histórica e atualidades. São Paulo: Scipione, 1994.

SBVSN – Sociedade Brasileira de Visão Subnormal. O QUE É? Disponível em: <https://www.visaosubnormal.org.br/oquee.php>. Acesso em: 10 out. 2024.

TEMPORINI, E. R.; KARA-JOSÉ, N. A perda da visão: estratégias de prevenção. ARQUIVOS BRASILEIROS DE OFTALMOLOGIA, São Paulo, v. 67, n. 4, p. 597-601, ago. 2004. Disponível em: <https://www.scielo.br/j/abo/a/5WtXWNMX9mGMNBm46yH5TNh/abstract/?lang=pt>. Acesso em: 24 maio 2023.

VYGOTSKY, L. S. OBRAS ESCOGIDAS: fundamentos da defectologia. Madrid: Vísor, 1997.

VYGOTSKY, L. S. THE COLLECTED WORKS OF L. S. VYGOSTSKY: the Fundamentals of Defectology (Abnormal Psychology and Learning Disabilities). New York: Plenum Press, 1993. v. 2.

Apêndice

Ficha de acompanhamento para reabilitação

Escola:
Nome do atendente (reabilitador):
Nome do aluno:
Data de nascimento:
Idade:
Telefone para contato:
Nome dos pais:
Profissão do pai:
Profissão da mãe:
Escolaridade:
Diagnóstico médico para a deficiência visual:
Nome do médico: Telefone:
Deficiência: congênita ( ) adquirida ( )
Com qual idade:
Causas da deficiência: Mais algum membro da família apresenta alguma deficiência? Quem? Causas:
Com que idade seu filho começou a andar?
Apresenta algum problema de saúde? Qual?
Seu filho brinca quando está sozinho? Qual é a brincadeira preferida?
Seu filho brinca quando está com outras crianças?
Dentro de casa, seu filho se desloca sozinho? Sente-se seguro?
Seu filho dorme bem? Quantas horas diárias?
Pratica algum esporte? Qual?
Se for necessário, faça outros comentários sobre seu filho:

Respostas

Capítulo 1

Atividades de autoavaliação

1. b 2. a 3. a 4. c 5. a

Atividades de aprendizagem
Questão para reflexão

1. O sistema de cotas é justo, sim, desde que o pretendente comprove as reais deficiências que limitem e impeçam o acesso aos estudos. O que acontece hoje em dia é um aproveitamento da deficiência (por exemplo, um braço amputado) para concorrer a uma cota que deveria ser para poucos.

    Professor, antes de iniciar essa discussão, é bom que seus alunos saibam um pouco sobre as pessoas com deficiência no percurso da história, buscando entender, por exemplo, como se manifestam as diferentes sequelas das deficiências, sejam as adquiridas, sejam as de nascença, e como essas limitações podem comprometer o aprendizado. A rigor, é justo essa diferenciação? Quando compreendemos as diferenças, podemos justificar quais os casos que merecem as cotas e quais os que não as merecem. É bom salientar aqui as dificuldades que muitas pessoas com deficiência encontram no acesso à escolaridade (deficiências visuais, auditivas, mentais e outras que impedem o convívio com a escola "exclusiva"). Para essa discussão, uma revisão da história da deficiência será necessária.

Capítulo 2

Atividades de autoavaliação

1. d 2. b 3. c 4. b 5. b

Atividades de aprendizagem
Questões para reflexão

1. Realização do Teste de Snellen nas escolas, cirurgias gratuitas, óculos gratuitos, campanhas nacionais de prevenção e tratamento da catarata divulgadas pela imprensa etc.

2. Esse teste é realizado, fundamentalmente, para auxiliar no diagnóstico da baixa visão. Utiliza-se a Tabela de Snellen, que deve ser fixada a seis metros de distância do avaliado. Pede-se para o aluno vedar um dos olhos e apontar com a mão (dedos) ou com outro material de apoio a direção das "pernas do E".

Capítulo 3

Atividades de Autoavaliação

1. a   2. d   3. b   4. c   5. a

Atividades de Aprendizagem
Questões para Reflexão

1. A prontidão para a alfabetização de crianças cegas é uma alternativa interessante, sensata e correta. Por outro lado, não são todas as escolas que adotam esse sistema. O mais importante é conhecer as maiores dificuldades do aluno e, a partir disso, escolher o melhor método.

2. Entre outras atividades, sugere-se: vendar os olhos dos alunos para que todos experimentem, através do tato e do olfato, as sensações que os objetos apresentados pelo professor podem trazer. Essa experiência deve ser muito bem discutida entre os alunos.

Capítulo 4

Atividades de Autoavaliação

1. a   2. a   3. d   4. b   5. c

Atividades de Aprendizagem
Questões para Reflexão

1. Técnica da bengala longa: é a forma correta de se locomover com a bengala em locais desconhecidos. Técnica do rastreamento: utiliza-se essa técnica para seguir uma linha guia, que pode ser uma parede, e ela é empregada em locais conhecidos. Técnica para subir e descer escadas. Sem bengala: proteção superior e inferior, troca de lado, passagem através de portas.

2. Maquetes, atividades em alto relevo, atividades com objetos que apresentam texturas diferentes, cheiros instigantes, materiais nos quais são empregadas letras em tamanho maior.

Sobre o autor

CARLOS FERNANDO FRANÇA MOSQUERA é formado em Educação Física (1984) pela Universidade Federal do Paraná (UFPR) e em Fisioterapia (1989) pela Universidade Tuiuti do Paraná (UTP). Tem pós-graduação em Educação Especial pela UFPR, doutorado em Fisiologia do Exercício (1997) pela Universidade San Antonio de Múrcia (UCAM/Espanha) e pós-doutorado em Educação pela UTP. Desenvolveu vários trabalhos na área: sistematizou o currículo de Orientação e Mobilidade (OM) no estado do Paraná; dirigiu e escreveu peça de teatro para atores cegos; desenvolveu e divulgou materiais adaptados para o ensino de braile e soroban; foi treinador da seleção brasileira de judô para cegos. Atua como palestrante nacional e internacional e como professor universitário. Publicou, entre outras obras, *Entre devaneios e ilusões: educação especial e memórias inclusivas* (2019) e, como organizador, *Deficiência visual: do currículo aos processos de reabilitação* (2ª edição, 2022).

Impressão:
Outubro/2024